國家出版基金項目
NATIONAL PUBLICATION FOUNDATION

吐魯番出土文書補編

新疆維吾爾自治區博物館 編
朱雷 著

巴蜀書社

圖書在版編目（CIP）數據

吐魯番出土文書補編 / 朱雷著；新疆維吾爾自治區博物館編.
-- 成都：巴蜀書社, 2022.4
ISBN 978-7-5531-1636-5

Ⅰ.①吐… Ⅱ.①朱… ②新… Ⅲ.①出土文物—文書—研究
—吐魯番地區 Ⅳ.①K877.94

中國版本圖書館CIP數據核字(2021)第280979號

吐魯番出土文書補編

TULUFAN CHUTU WENSHU BUBIAN

朱雷 著

新疆維吾爾自治區博物館 編

出品人 林建
總策劃 侯安國
責任編輯 周昱岐
封面設計 冀帥吉
出版 巴蜀書社
成都市錦江區三色路266號新華之星
總編室電話：（028）86361843
網址 www.bsbook.com
發行 巴蜀書社
發行科電話：（028）86361856
經銷 新華書店
照排 四川勝翔數碼印務設計有限公司
印刷 成都市金雅迪彩色印刷有限公司（028-84842345）
版次 2022年4月第1版
印次 2022年4月第1次印刷
成品尺寸 260mm×370mm
印張 24.5
書號 ISBN 978-7-5531-1636-5
定價 1200.00元

自序

◎朱雷

當我聽到國家社科基金立項課題「吐魯番出土文書補編」結項順利通過評審時，我心中感慨萬千，幾年的辛苦終於有了結果。

事情要從二〇〇八年説起。有一天，我接到新疆維吾爾自治區博物館的電話，告訴我該館考古部在整理阿斯塔那古墓發掘報告時，在庫房發現了一批尚未整理的出土文書，希望我能去新疆幫忙整理。我當時就答應等忙完手頭工作後，擇時去新疆幫助整理。同年底，我在體檢時，發現左腎有一新生物，醫生建議儘快進行手術切除。二〇〇九年初，我在武漢軍區總醫院住院治療，同年新疆不太穩定……二〇一〇年上半年，新疆維吾爾自治區博物館田先洪書記來電話，邀我儘快去新疆開展文書整理工作。同年八月中旬，我和夫人田蘇華、博士後崔世平乘飛機到新疆開展文書整理工作。新疆維吾爾自治區博物館在考古部大樓騰出了一間辦公室，供我們整理文書使用。

這次的工作主要是對館藏三百多片吐魯番出土文書進行整理。我們每天的工作基本上是兩點一綫，從賓館到辦公室，從辦公室回賓館。二〇一〇年十一月，博士後崔世平因要出站，提前返回武漢，我一人則繼續留在新疆整理文書。我根據紙質、字迹及文字内容，對文書進行有序歸類，完成了釋文、拼對等工作。這三百多片文書的整理工作，直到十二月中旬才基本完成。我在做好文書歸類整理和交接後，返回了武漢。

我原以爲第二年可以再去新疆繼續開展文書整理工作，可後來因新疆方面的種種原因，遲遲無法赴新疆繼續文書整理工作。拖了幾年後，仍然没有動静，我眼看就八十多歲了，身體又不好，有多種疾病，在萬般無奈下，只好另尋途徑。二〇一七年我試着申報國家社科基金，希望能獲得幫助，早日完成此項工作。畢竟年齡不饒人呀！

二〇一七年二月，在寒冷的冬天，我直奔新疆，與新疆維吾爾自治區博物館考古部商議，合作向國家社科基金申報研究課題，以便早日完成該批文書的整理工作。我用了十個工作日，填寫好申報表，遞交給新疆維吾爾自治區社科規劃辦，然後回到武漢家中等消息。五六月份傳來了好消息，本課題成功獲批國家社科基金重點項目。有了經費就可以繼續完成文書整理工作。啓動基金尚未到賬，我就迫不及待地收拾好行李，奔赴新疆開始工作。

二〇一七年工作計劃，主要是把之前已整理過的出土文書再重新看一遍，並對文書進行掃描、照相、編號，同時還要對另一批約七十片文書進行整理、拍照、編號、釋文、斷代……争取在冬天來臨前完成工作。當然有些工作可以回到武漢進行。二〇一七年，經過緊張忙碌的工作，我終於完成了四百多片文書的整理工作。

二〇一八年上半年，我在武漢把《吐魯番出土文書補編》手稿打印成册，並準備召開學術研討會，對該項整理工作進行檢驗。八月中旬，我請兩位同學幫忙校對文稿，並邀請河北社科院孫繼民研究員、西南民族大學王啓濤教授、新疆師範大學蓋金偉教授和施新榮教授、吐魯番學研究院副研究員陳愛峰及新疆維吾爾自治區博物館王博研究員、考古部魯禮鵬主任等專家學者開會，對這項成果進行爲期三天的檢驗。全體參會人員經過仔細認真的查驗，並對照實物研究着，熱烈討論着，最後大家一致認爲這部《吐魯番出土文書補編》整理稿有一定的學術價值，對中國歷史研究有作用，應儘快出版，供學界使用。爲了精益求精，我又静下心來，再次奔赴新疆，重新審視文書，直到這一年的冬天來臨，我才返回武漢。

二〇一九年五月，我突感下肢無力，走路困難，去醫院檢查，發現再次腦梗，於是住院治療……七月份，身體基本好轉。我在家積極鍛煉身體，因爲任務未完成，還需去新疆做課題結項。十月下旬，我再次來到新疆做結項準備工作，同時去烏魯木齊周邊進行考察，還到吐魯番考古所觀看出土文書，和同仁一起學習研究，爲二〇二〇年申報結項作準備，争取早日完成該項課題。

可是，二〇二〇年是不平凡的一年。這一年武漢發生新冠肺炎疫情，來勢凶猛，一月二十三日武漢封城。當武漢按下暫停鍵時，武漢與外界停止了一切來往，人人都宅在家中隔離，全國人民都在支持武漢……二〇二〇年三月底，武漢新增確診人數歸零，四月八日解封，但要恢復到正常狀態，尚需要時間。由於宅在家中，活動量減少，五月底我再次發生腦梗。由於武漢大多數醫院還不能正常收治病人，我錯過了黄金溶栓時間，只能慢慢治療。唉聲嘆氣又能怎樣。下半年，武漢在蘇醒，全國也比較平静，此時我委托愛人去新疆幫我申報課題結項一事。由於新疆維吾爾自治區博物館没有開通與規劃辦的聯繫平臺，申報工作由紙質文件改爲電子文件，頗費了一番周折，但最終完成了結項申報。二〇二一年五月傳來好消息，課題通過評審。

我已是耄耋之年，回首往事，記憶猶新。我一九五五年秋考入武漢大學歷史系學習，在武漢大學學習、工作、生活了六十多年，我只認真做了三件事：學習知識，整理吐魯番出土文書，帶了三十多名碩士研究生、博士生、博士後。

那時學習環境好，我知道知識改變命運的重要性。除了上課外，我每天都在圖書館看書，在知識的海洋裏博覽群書，把書分爲精讀、細讀、泛讀，多掌握一些基礎知識對工作有好處。要做好學問，一定要有扎實的基本功。我在大學期間，認真系統地學習了魏晋南北朝隋唐史的基礎知識，系統地閲讀了基本文獻，較純正地掌握了研究方法，所以研究課題是繼承了唐長孺師的實證方法、溯源思變的論證，因而自能得出超越一般的結論。

一九七三年，「文化大革命」後期，百廢待興，我有幸走進了新疆，有幸走進了吐魯番，有幸接觸並整理了吐魯番出土文書。一九七四年我和唐長孺師被借調至國家文物局，整理吐魯番出土文書。那是一個全新領域，我要好好向唐師學習。出土文書整理是個大工程，要把那些千頭萬緒的紙片一點一點看明白，理出頭緒，抄録到稿紙上，需根據紙質、字迹、内容有序歸類，完成釋文、拼對後，再融合自己的歷史知識、文獻數據，給文書斷代、定名及進行必要的注釋等。要想把文書整理成精品，談何容易！在漫長的十幾年文書整理中，我體會最深的一點是：要耐得住寂寞，甘願清貧，不爲名不爲利，只爲求得真知，尋找人生的樂趣。我從初識出土文書，經過艱難跋涉，一步一個脚印地向事業的頂點邁進，終於走進敦煌吐魯番學，成爲一名研究敦煌吐魯番學的學者。

再談帶研究生。我與學生的關係是朋友，是師生，傾盡所有，因人施教，如今個個學業有成，在各自的崗位上爲祖國貢獻一份力量，我很欣慰。

最後要感謝新疆維吾爾自治區博物館又給了我一次機會再次整理吐魯番出土文書，受益多多。感謝館長于志勇、考古部主任魯禮鵬及王博、王明芳、賀婧婧、孫麗萍等同志對我在新疆維吾爾自治區博物館工作期間給予大力支持，使基金課題順利完成。

目録

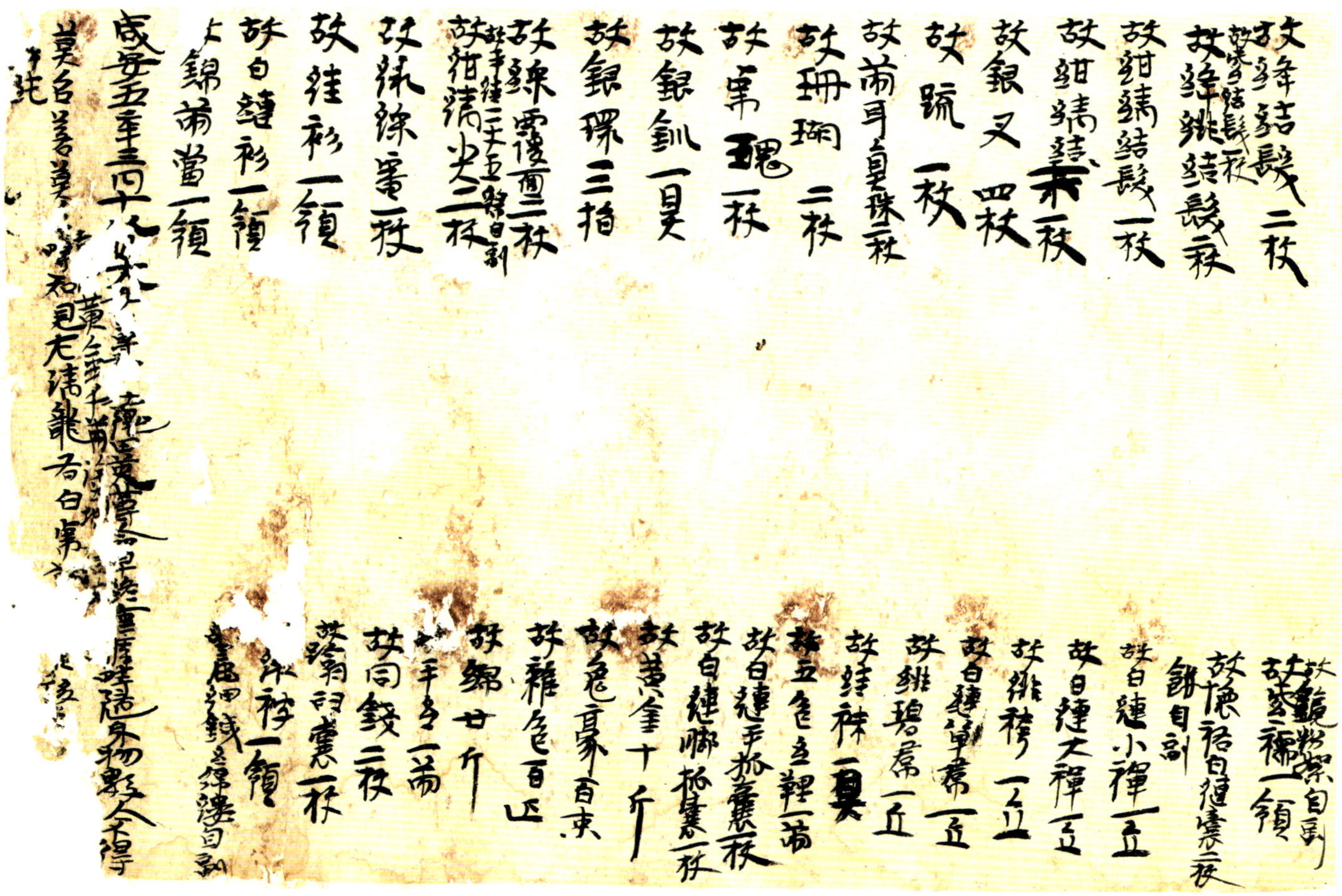

06TAM605:22

阿斯塔那六〇五號墓文書

本墓爲男女合葬墓，經盜擾，出前涼衣物疏一件，又出五銖銅錢二枚。

一　前涼咸安五年（公元三七七年）隗田英隨葬衣物疏[一]

1　故絳結髮二枚　故紫襦一領
故紫結髮一枚　故鏡粉絮自副
2　故絳緋結髮二枚　故懷（懷）（袖）䄙白縺囊二枚
餅自副
3　故紺綪結髮一枚　故白縺（練）小褌一立
4　故紺綪結末一枚[二]　故白縺大褌一立
5　故銀叉（釵）四枚　故緋袴一立
6　故疏（梳）一枚　故白縺單帬（裙）一立
7　故兩（兩）耳真珠二枚　故緋碧帬一立
8　故珊瑚二枚　故絓袜一具
9　故虎琨（魄）一枚　故五色絲鞾（履）一兩
10　故銀釧一具　故白縺（帛）手抓囊一枚

11 故銀環（環）三指　　故白縺脚抓囊一枚

12 故綵覆面二枚　　故黄金十斤

故平絓二丈五綿自副

13 故紺績尖二枚　　故兔豪（毫）百束

14 故緑綵審（枕）一枚　　故雜色百匹（疋）

15 故絓衫一領　　故綿廿斤

16 故白縺衫一領　　故手糸一兩

17 故錦兩當一領　　故同（銅）錢二枚

18 故蹹臼囊一枚

19 故緞被一領

20 故麁（粗）細鍼糸綿縷自副【三】

21 咸安五年三月十八日，大女蕁□士隗田英【四】薄命早終，唯（謹）條（條）時隨身物數，人不得

□□黄金千兩塗地

22 莫（冒）名。若莫名，時知見九（左）清（青）龍，吞（右）白虎，前□雀，後玄

23 □純

【後殘】

注釋

【一】咸安五年：按《晉書》前凉諸王自張寔至張天錫皆有年號，但出土文書所見前凉或奉行西晉或奉行東晉年號。咸安本東晉簡文帝即位，改元咸安（公元三七一年），行用二年，子即位，是爲孝武帝，改元寧康（公元三七三—三七五年）。昔年吐魯番出土文書所見有咸安三年寫本《法句經》，唐《開元釋教録》中見有咸安六年記載。知前凉行用東晉簡文帝年號，但因道遠，中間又隔絶前秦，故不悉東晉皇帝易位改元，依舊行用咸安，直至亡於前秦。

【二】「結」「末」二字間書一「乙」，乃倒勾號。

【三】下欄18、19、20三行諸物本皆在17行下欄，因書寫衣物疏者抄寫下欄時並未照顧上欄行距，故上欄十七行，下欄則多至二十行，今録文爲照顧釋文及引用者方便，故作此種録文分行。

【四】此處有殘損，更因書寫有訛脱倒誤之處，似不可解。今以此與吐魯番地區文物局發掘之04TAM408:17號文書《蕁鍾妻令狐阿婢隨葬衣物疏》等比對，應是「蕁□士妻大女隗田英」。

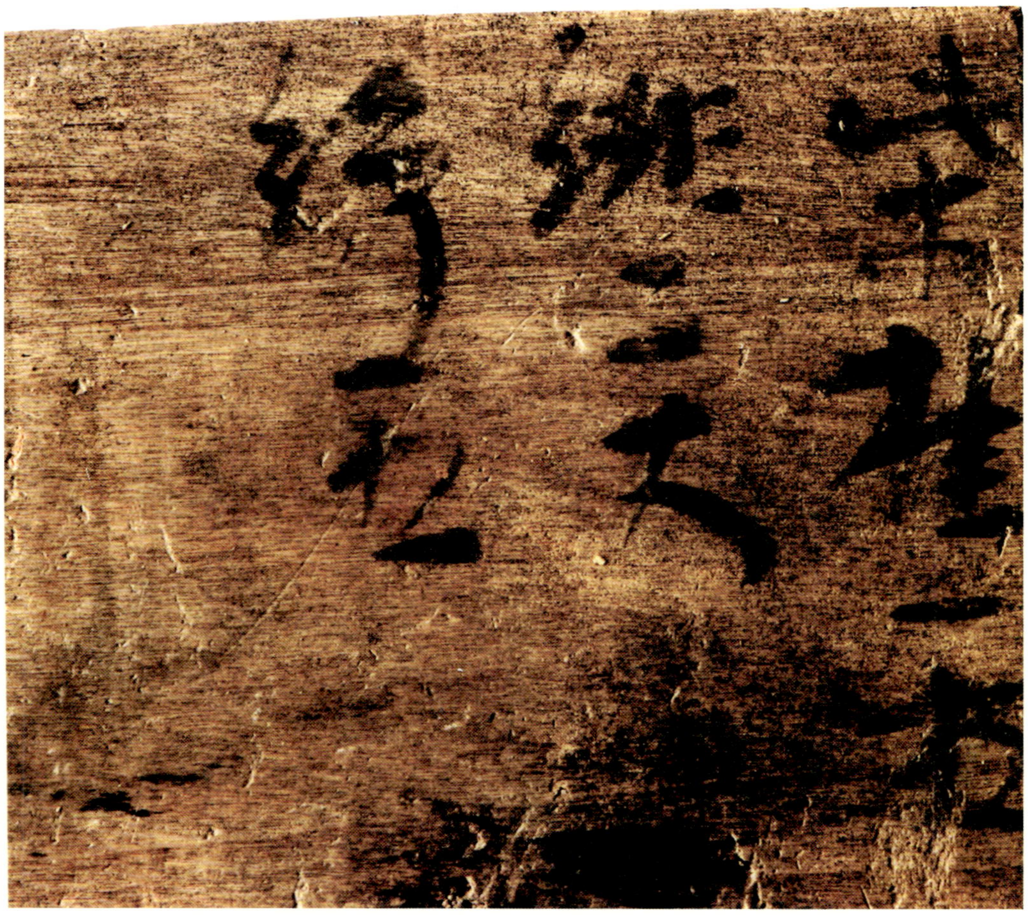

06TAM603:7

阿斯塔那六〇三號墓文書

本墓遭盜擾，爲一男二女合葬墓，所出除陶、木及織綿等外，僅木牘一件。

一　前涼木牘〔一〕

1　柴桂一枚
2　緋二丈
3　紵五

注釋

〔一〕據發掘簡報，此件木牘原稱木簡，長方形，兩側各有兩個小圓孔。其中三個孔内殘留木釘，推測應爲隨葬品的標簽牌。觀其書法，頗有隸意，又據發掘簡報，該墓與06TAM601墓相近。兩墓出土陶、木器及木雕、織錦都非常相似。又後墓出前涼咸安五年衣物疏，故此件姑作前涼時物。

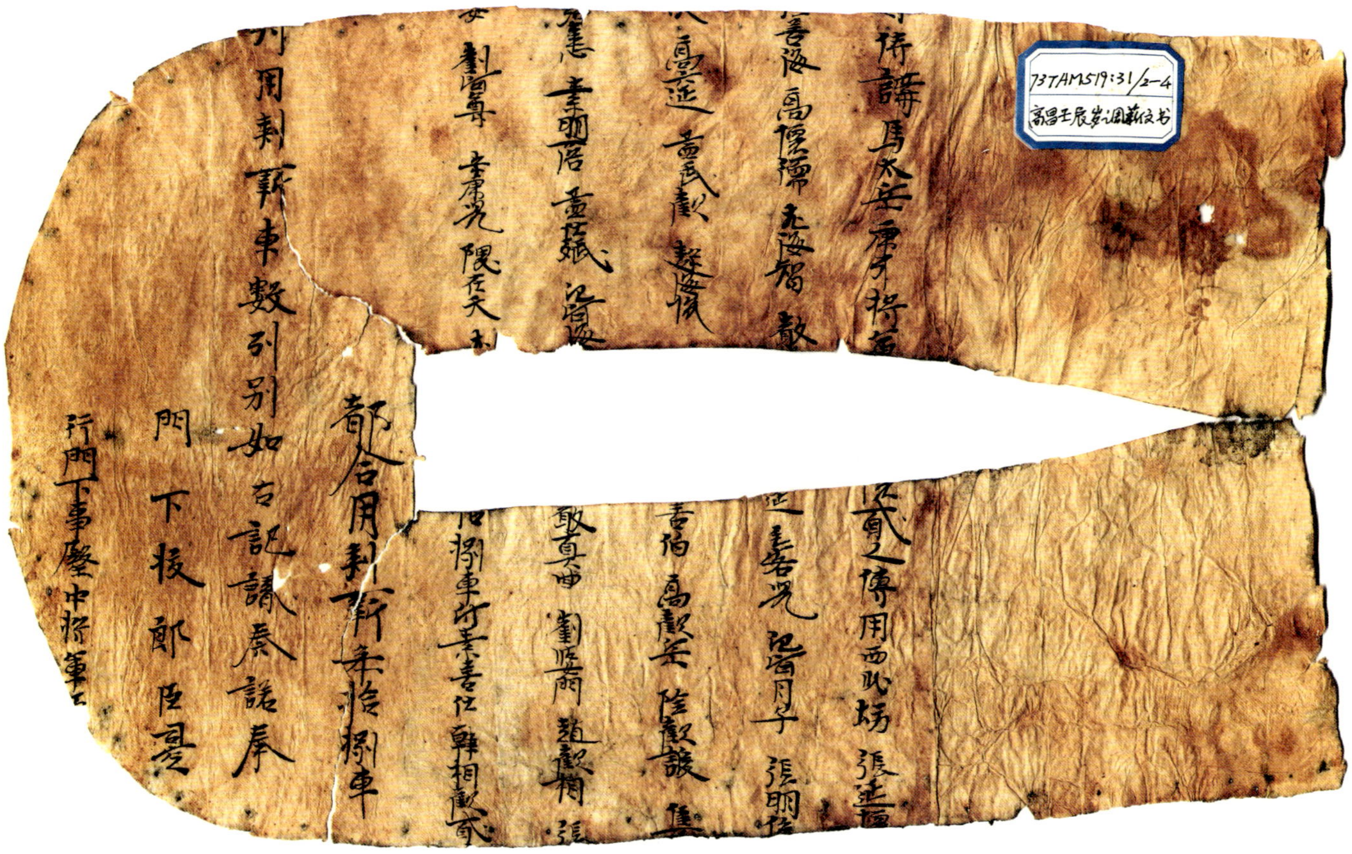

73TAM519:31/2–4

73TAM519:31/1–2

阿斯塔那五一九號墓文書

《吐魯番出土文書》釋文本第四册第一二三頁及圖文本第貳册第七一頁均已收本墓文書二件，皆麴氏高昌時。今從昔時漏出文書中，經整理考訂，爲高昌延壽九年（公元六三二年）文書四件，唐代文書三件。

一　高昌延壽九年（公元六三二年）閏八月侍講馬太岳等傳用刺薪車數奏

本件紀年殘剩「壬辰歲閏八月」。又見五〇七號墓文書内一至一五件均只剩干支紀年，整理者考爲延壽六、七、八、九、十一、十四、十五年。其中第九件作「壬辰歲閏八月」，與本件紀年干支及月份相吻合。據之本件考訂作延壽九年。

1 ▢侍講馬太岳虎牙將軍□□懷貳人傳用西北坊張延懷▢

2 ▢張善海　高懷儒　左海智　闞▢延　毛客兒　氾阿月子　張明儁（？）▢

3 ▢高六延　孟武歡　麴海悦▢善伯　高歡岳　陰歡護　侯▢

4 ▢冨憙　索明落　孟仕斌　氾阿海▢闞真曲　劉婆門　趙歡相　張▢

5 ▢安　劉阿尊　宋虎兒　隗在天　㔾▢拾捌車付索善仕　韓相歡貳▢

6 都合用刺薪叁拾捌車

7 ▢列用刺薪車數，列别如右，記識奏諸奉　行

8 門　下　校　郎　臣司空　□□

9 行門下事殿中將軍臣▢

10 行　門　下　事▢

11 ▢壬　辰　歲　閏　八　月　十　五日民部　□

12 鷹陽（揚）將軍兼民部事臣麴　□□

13 民　部　參軍臣索　□□

14 民　部　吏臣左　□□

15 □　部　吏臣左　□□

73TAM519:31/1–3

73TAM519:31/1–1

二　高昌延壽九年（公元六三二年）某月十五日侍講馬太岳等傳用西北坊刺薪奏

本件斷代參見上件題解。

1 □講馬太岳虎牙將軍張延懷□□傳用西北坊高歡住刺薪壹□

2 □氾文伯　康園兒　劉善伯　鞏兒子　石子達　令狐居舉　田𪍿（臭）奴　趙□

3 □累雄　氾海　□海智　白相　祐兒　張海□

【中缺】

4 都合用刺薪叁拾肆車

5 □列用刺薪車數，列別如右，記識奏諸奉　□

6 門　下　校　郎　臣　司空　□□

7 行門下□殿中將軍臣高　□□

8 行門下□侍　郎　臣高　□□

9 □年　壬　辰　歲□十　五日民部　□

10 鷹（揚）陽□□□民部事臣麹　□□

11 民　□　□　軍臣索　□□

12 民　□　吏　臣　左　□□

13 民　□　吏　臣　左　□□

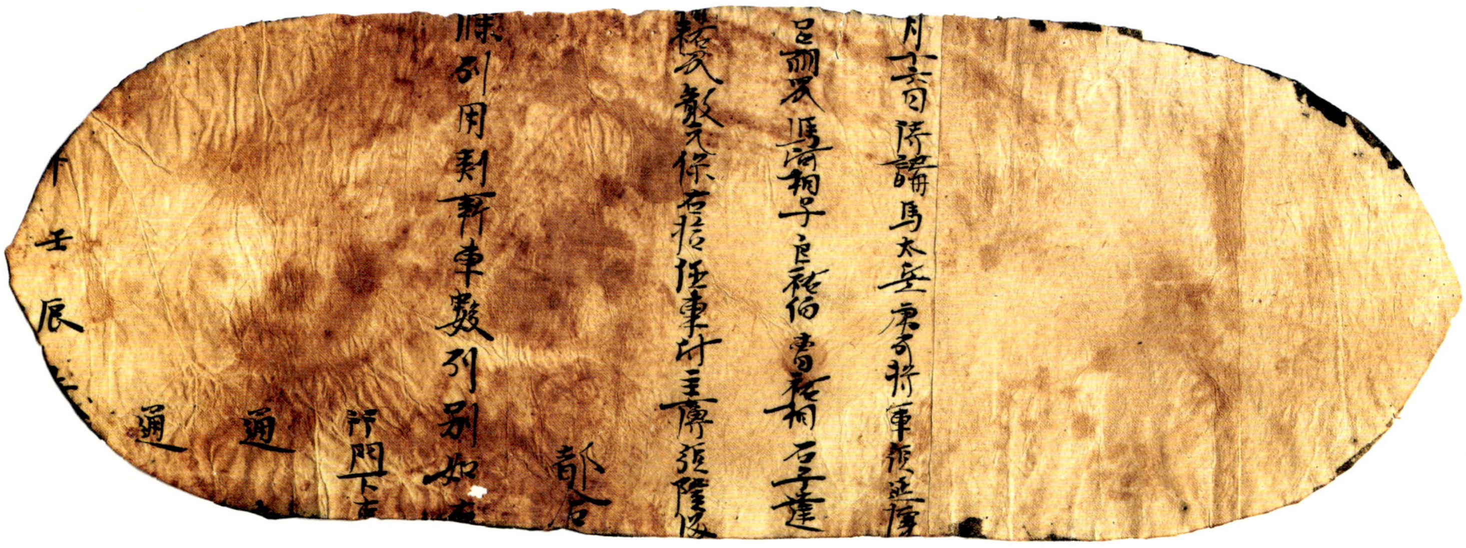

73TAM519:31/1-4

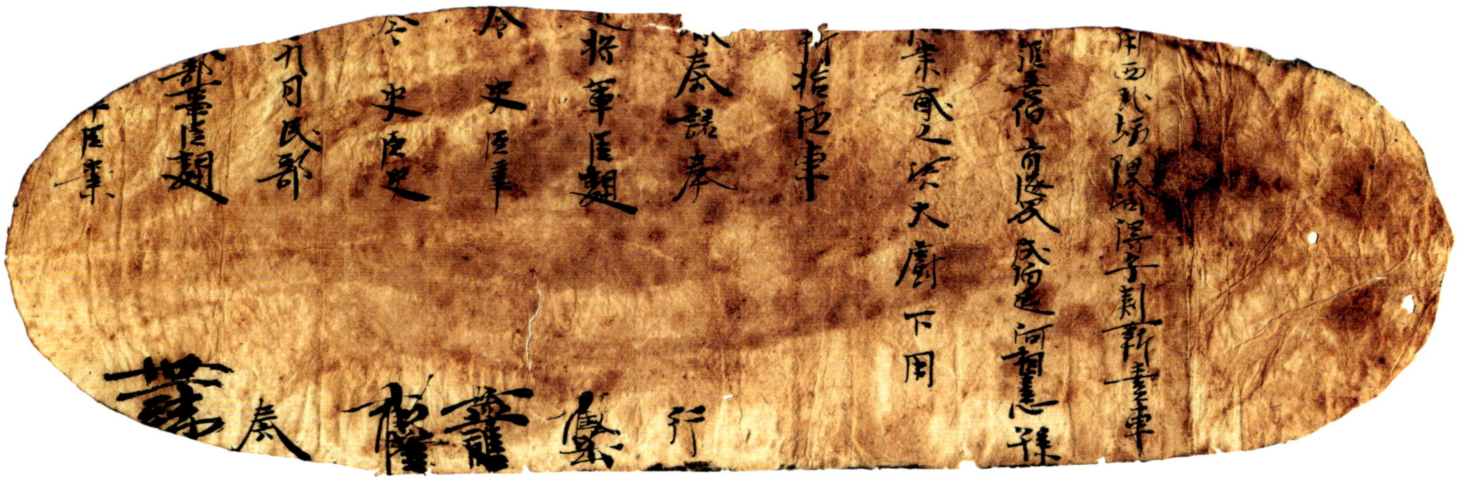

73TAM519:31/2-1

三　高昌延壽九年（公元六三二年）某月十九日侍講馬太岳等傳用刺薪奏

本件斷代參見前二件題解。

［　　］月十六日侍講馬太岳、虎牙將軍張延懷［　　］用西北坊隗阿得子刺薪壹車［　　］
［　　］呂胡兒　馮阿相子　良祐伯　曹祐相　石子達［　　］張喜伯　肯（骨）海兒　成伯延　何相憙　孫［　　］
［　　］何（相）？祐兒　闞元保右拾伍車付主薄張隆海［　　］崇貳人供大厨下用
都合□□薪拾伍車
［　　］條列用刺薪車數，列別如右，□識奏諸奉　行
行門下事□遠將軍臣麹　歡岳
通　事　令　史臣辛　孟護
通　□　令　史臣史　歡隆
［　　］年壬辰歲［　　］十九日民部　奏
［　　］民部事臣麹　世緯（？）
［　　］事臣索　□□

【後殘】

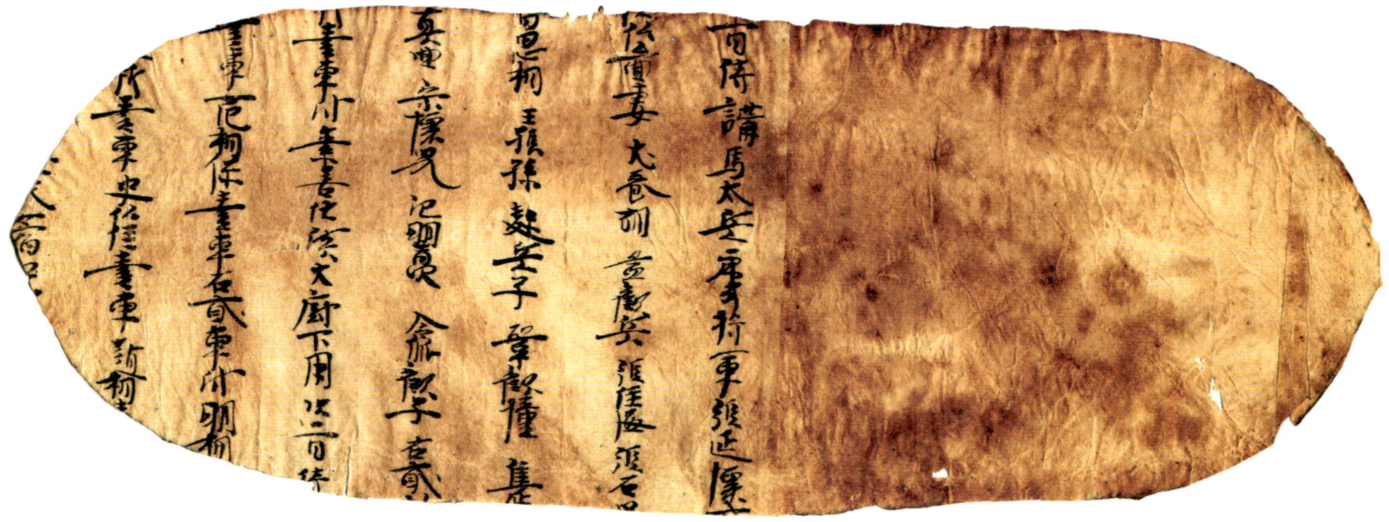

73TAM519:31/2-3

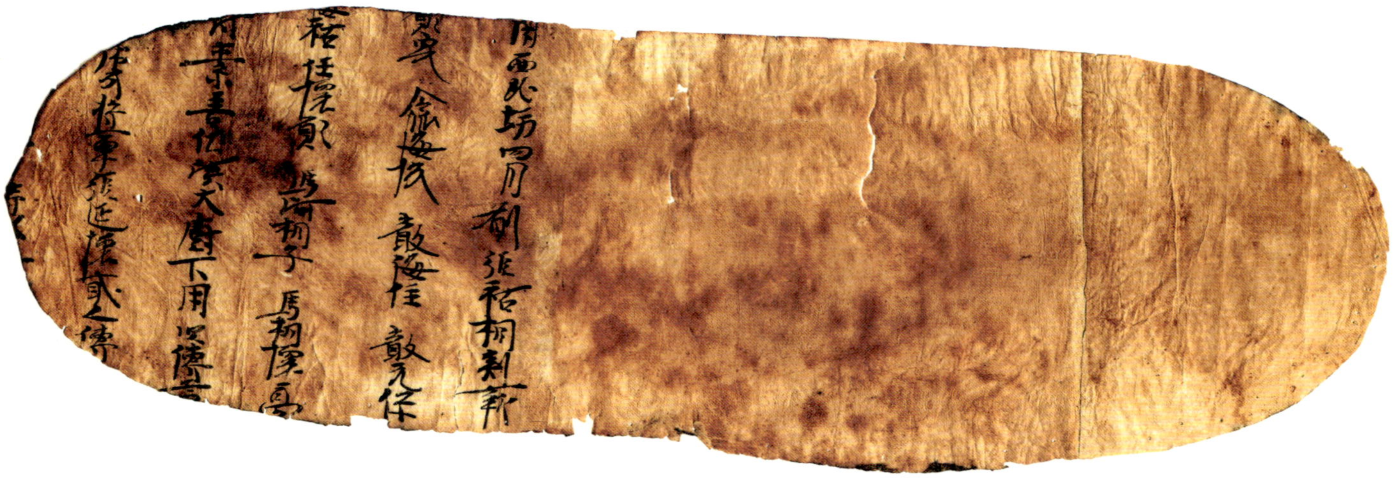

73TAM519:31/2-2

四　高昌延壽（公元六二四—六四〇年）某年某月一日侍講馬太岳等傳用西北坊四月劑刺薪奏

本件紀年殘，亦無干支月份可尋。但與前三件相比對，書法、内容及官員名皆同，故亦定名爲「奏」，置於前三件後。

1 □一日侍講馬太岳、虎牙將軍張延懷貳□□用西北坊四月劑張祐相刺薪□

2 □仏(佛)畣(圖)妻　左養胡　孟歡岳　張住海　張石兒　□願兒　令狐海忺(悦)　闞海住　闞元保□

3 □曹思相　王張孫　麴岳子　鞏歡憧　侯延□　□海祐　任懷願　馮阿相子　馬相懷　高□

4 □真匣　宋懷兒　氾明亮　令狐歡子　右貳拾□□付索善伏，供大厨下用。次傳孟□

5 □薪壹車，付索善伏供大厨下用。次二日侍□□□□虎牙將軍張延懷貳人傳□

6 □壹車，范相保壹車，右貳車付明相□

7 □薪壹車，史仏(佛)住壹車，趙相□

8 □藺□

【後缺】

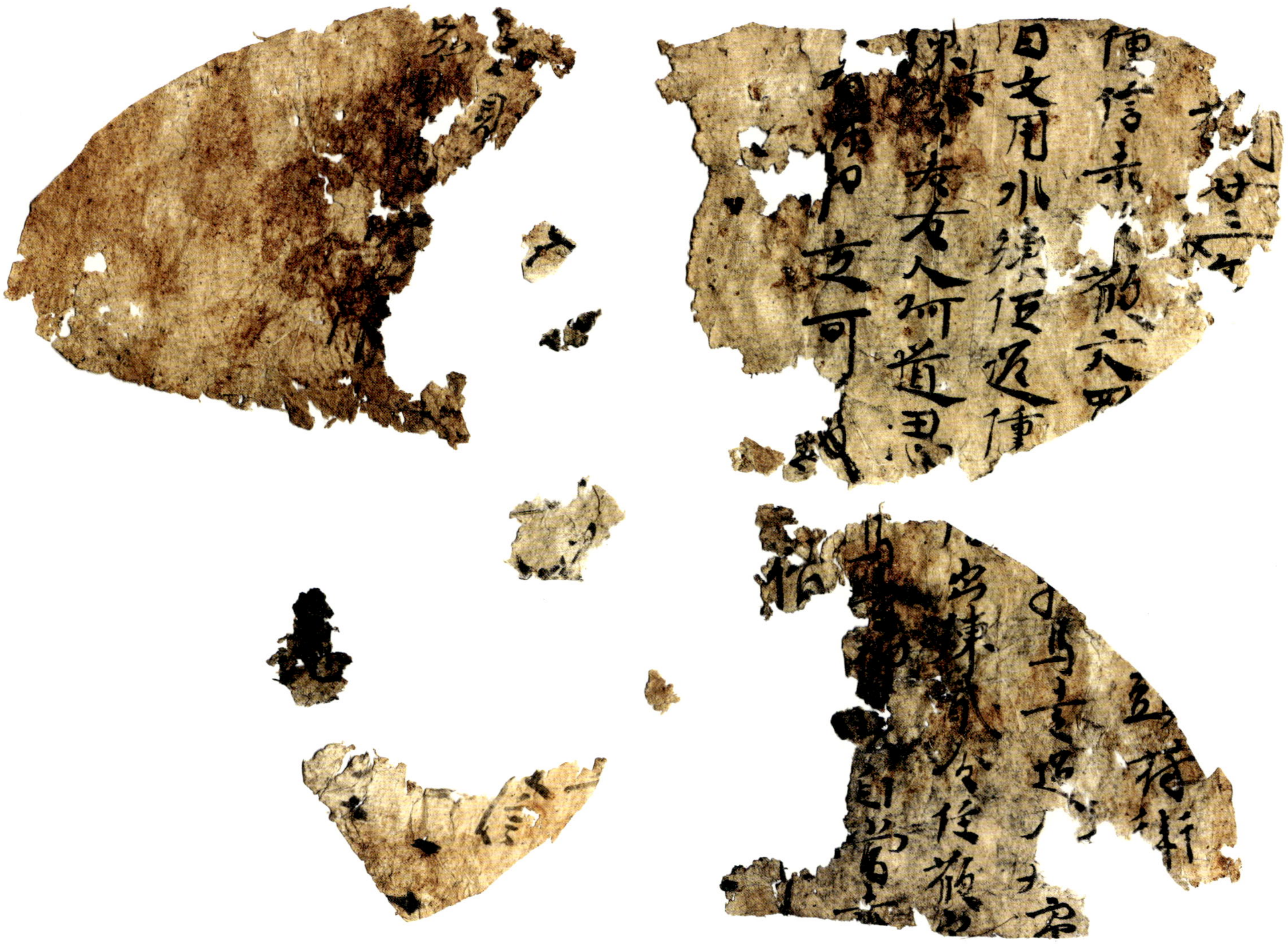

73TAM519:31/5

五　唐貞觀廿三年（公元六四九年）傴信、索住歡從張苻衛邊買馬契

1 □觀廿三年□　　張苻衛□

2 傴信、索住歡二人買□　　馬壹疋□□即

3 日文（交）用水練伍疋，傴信出練貳分，住歡出

4 練壹分。若右（有）人呵（訶）道（盜）思（認）馬者，仰張自當。索

5 □知兩和立可，獲指□信〔一〕

6 ——————

7 ——————

8 知見〔二〕——□

9 知見馮伏官

注　釋

〔一〕「信」及後兩行指節紋墨色較淡，與前文濃墨有別，且爲一單獨碎片，原混入73TAM519:31/4《袁歡慶雇張善□契》中，與該文書明顯不合。今暫附於此。

〔二〕兩行知見人爲單獨殘片，與前文之間是否還有缺行未知。從有兩名買馬人看，應有缺行。

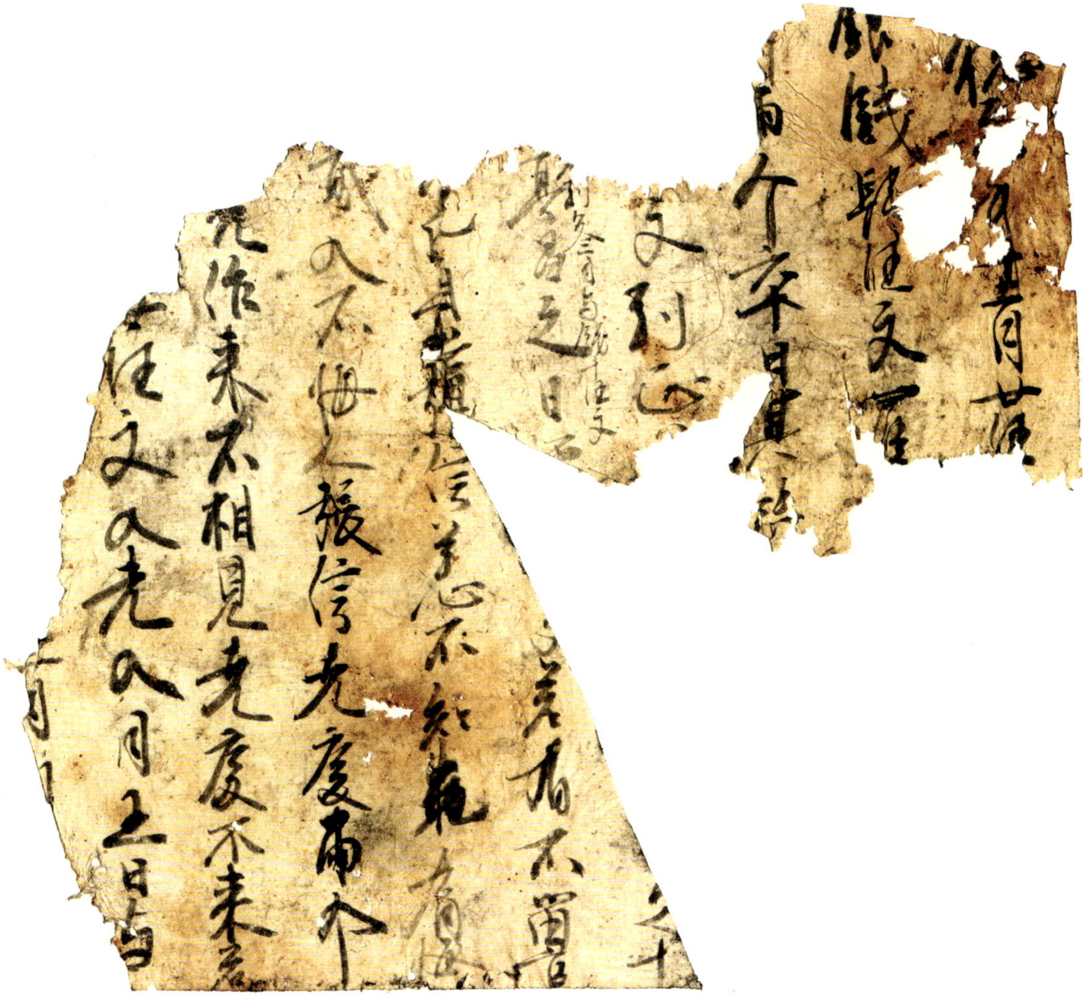

73TAM519:31/3

六　唐麟德元年（公元六六四年）某人雇張信、光慶契

1 □德元年十二月廿伍［　］
2 □銀錢肆伍〔一〕文雇［　］
3 □□兩个六十日。其錢［　］
4 ［　］文，到正［　］
［　］到叁月与錢十伍文
5 ［　］高昌之日还（？）［　］文，若有不留（遁）官
6 ［　］光自當，張信悉不知。先有悔
7 ［　］貳，入不悔人。張信、光慶兩个
8 ［　］光作來，不相見，光慶不來。若
9 ［　］伍文入光。八月五日与
10 ［　］二月［　］

【後缺】

注釋

〔一〕據後文「叁月与錢十伍文」，總價不當僅「肆伍文」，「肆」下當奪一「拾」字。

73TAM519:31/4

七　唐袁歡慶雇張善□用上「州槽」契【一】

1 □馬袁歡慶交用錢□
2 □用州槽上壹次十五□
3 □歡慶不□
4 立契□番。遠使者，日別十(?)□
5 廿三日更不出錢者□
6 □□袁
7 受雇人張善□
8 知見人□
9 知見人□
【後殘】

注釋

【一】本件紀年殘，但見記有「用州槽上壹次十五」句。舊出文書中，如僱人上烽一次皆十五日，屬唐之雜徭類。又用「州槽」名亦見於舊出五〇六號墓俗謂天寶馬料帳文書中，故定本件爲唐代。

06TAM601:24/2–2

阿斯塔那六〇一號墓文書

本墓爲夫妻合葬，夫先亡。無墓誌及隨葬衣物疏，兩人紙鞋中均拆出有文書，女尸紙鞋中拆出兩件文書，紀年分别爲高昌延壽十五年（公元六三八年），唐永徽五年（公元六五四年）。男尸紙鞋拆出文書五件，多殘，缺紀年。

一　高昌延壽十五年（公元六三八年）羈人袁蟲子上啓爲乞入老免役事

1 臣□

2 役驅馳，不□

3 聖顔，悕（希）乞入老。伏願垂許。謹言。

4 延壽十五年戊戌歲二月三日羈（羈）人

臣　袁　蟲子上啓

5 令　聽入老

6 威遠將軍門下校郎臣麴仕瑞　　傳

7 □傳

【後殘】

06TAM601:24/2-1

二　唐永徽五年（公元六五四年）高昌縣范塇塇夏田契【一】

1 永徽□從武城鄉
2 人張晁(臭)塇(塇)邊□渠上麦田肆畝，次
3 夏索柱歡肆亩。二人田要迳(經)伍用種。初六年中
4 壹年，即日交与夏價小麦肆斛(斛)。二人殘肆年
5 □索二人与夏價小麦肆斛。年到七月□□
6 □□使净好，依高昌小九(斛)中取。若不净□□
7 過其月不上，過一月一九上□
8 渠破水讁，佈(仰)秝(耕)田人【二】□
9 □破，随(隨)大匕(比)列(例)。三主合同立□
10 □悔者出絁練貳疋入不悔□
11 □相和立契，獲(畫)指爲記。
12 夏田人范—塇—塇—
13 田　主張—晁—塇—
14 田　主索—柱—歡—
15 知見人趙—智—歡—
16 □□□辛—海—隆—

注釋

【一】本件1行「永徽」下缺，未知云何年立契。但3行記「初六年中壹年即日交与夏價小麦」，故推知當於頭年立契，即是永徽五年。本件背部亦經再次書寫，因後剪作葬具，此面全部塗墨，除個別字外，餘皆不可辨，並使本件字迹多有難辨之處。

【二】此處「人」下數字，因背部塗墨滲過不清。雖依出土租佃契約中佃人所應承責任，可推論爲何字，但爲慎重起見，不强作釋文。

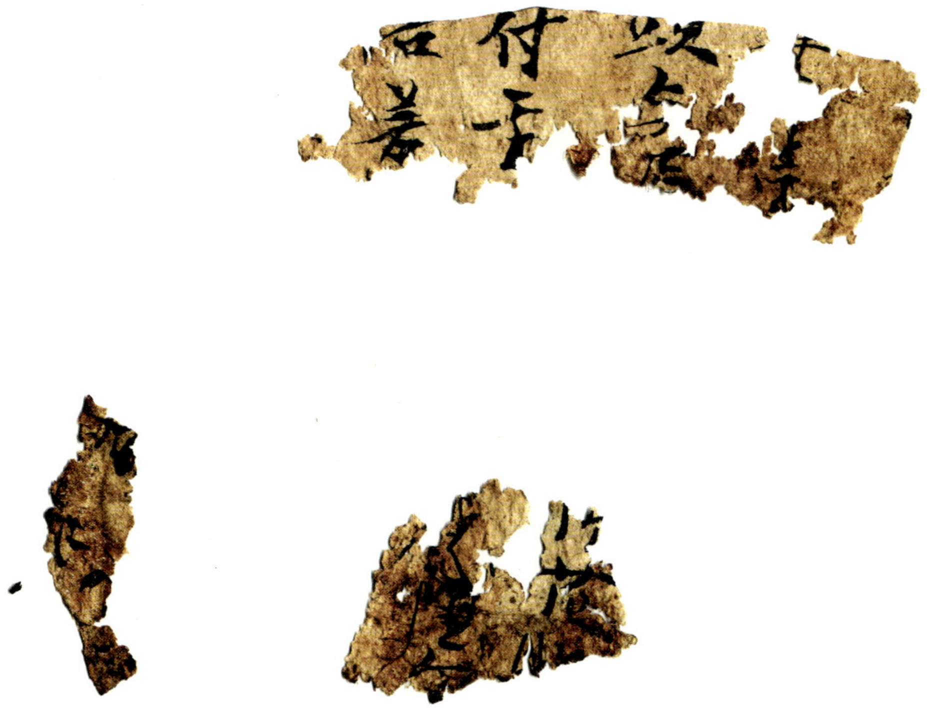

06TAM601:24/3

三　唐范某賣牛與張某殘契

【前缺】

1 □頭〔一〕与(與)張□

2 □付主□

3 □后(後)若□盜□仰(?)范明(?)□

4 □錢陸(陸)文□

【後缺】

注釋

【一】本件殘甚，不知買賣何物，見此「頭」知非馬，或係牛、驢。今姑斷作牛。

06TAM601:24/6

四　唐田某僱人契

【前缺】

1 □已（?）來□

2 □還□

3 □田悉不□

4 田与雇□与□

5 □唄上□得返□

6 □各自署名爲信□

【中缺】

7 知□

8 知見人王善歡

06TAM601:24/4–2

五　唐某官牧殘牛簿【一】

（一）

【前缺】

1 □㐪□

2 □三歲□伩(?)㐪□

3 □犢二歲伵犢□伵㐪□

4 □黃草犢□歲□

5 □牛□

6 □歲□

【後缺】

06TAM601:24/4-1

06TAM601:24/4-3

（二）

【前缺】

1 □草壹(?)□

2 □仁□□□

3 □仁烏草牛□頭吉□

（本行因污染不清，不强作釋文。）

【後缺】

（三）

【前缺】

1 □草牛□

【後缺】

注釋

【一】本件殘剩多片，復遭污染，頗難辨識。今勉爲釋文，並據内容、筆迹，斷爲一件。然因過殘，其先後順序，莫能判定，今姑分作三段。又本件雖殘，僅就所見牛爲數不少，絶非私家所能有。故疑是某官牧所有，姑依此定名。

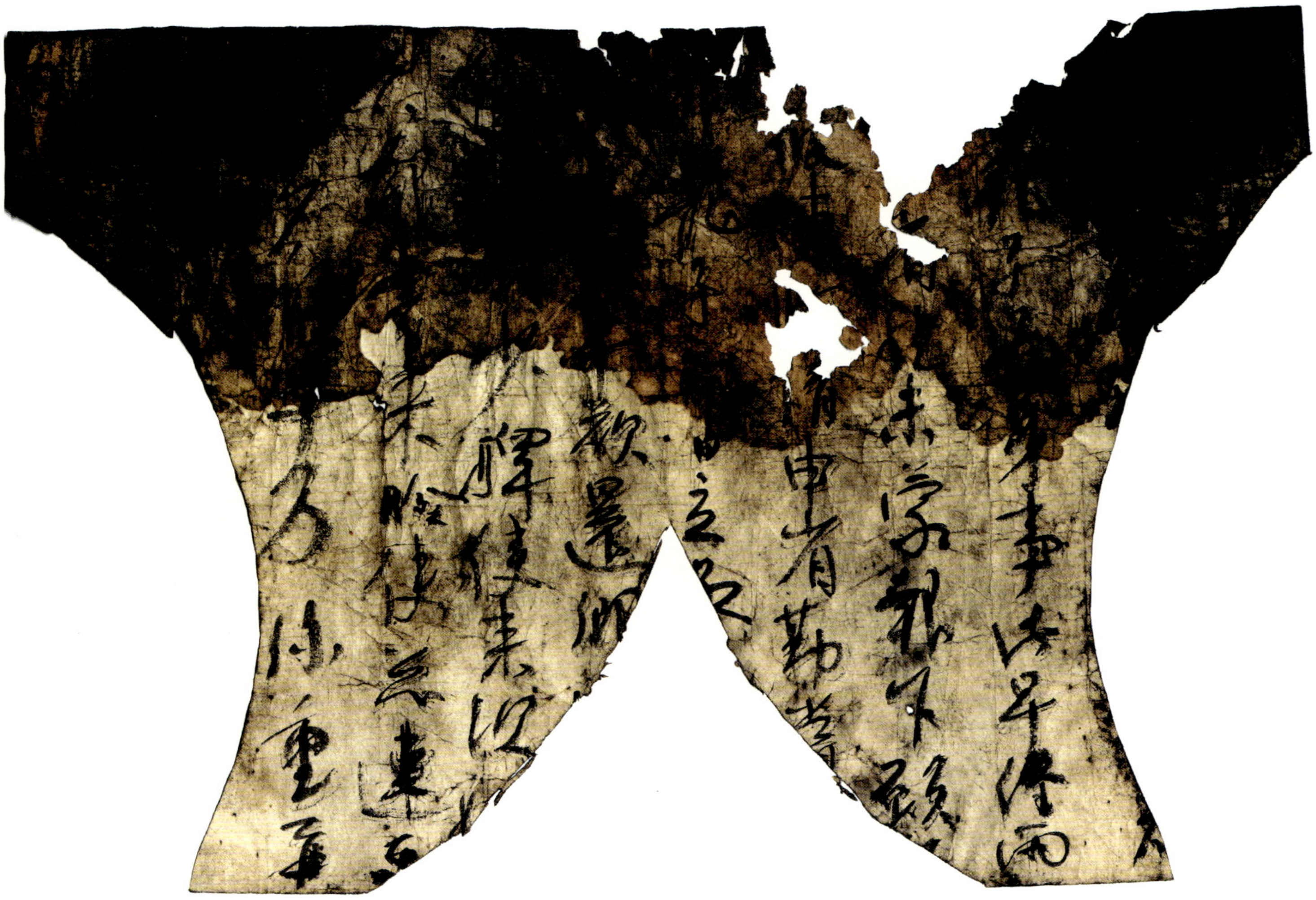

06TAM601:24/1

六　唐龍子殘書牘【一】

1 龍子身□
2 □阿郎□
3 □□龍子爲身事，此早經兩
4 □省訖，未蒙報下。願□
5 □□復陳（牒）請申省勘當□
6 報以龍子即日立取（？）□
7 得返。正早欲還鄉□
8 傍（？）□不少。驛使來次□□
9 兵部當來驗使。总速更
10 □多語，千万珍重再
（本行因污染不清。）

注釋

【一】因本件多處剪損，復因另面塗墨浸及此面，故有數處不可辨識。又本件無紀年，今見第5行「牒」字寫作「㐪」，避唐太宗李世民諱，知必在唐太宗卒後。

06TAM601:24/5

七　唐殘牘

【前缺】

1 □狼嘆□

2 □早仰□

3 □至出呇□

4 □交(?)□疊素□

5 牛(?)【下殘】

【後殘】

72TAM169:29/1（a）

阿斯塔那一六九號墓文書

此批文書應與原刊布件原件比對，或可拼合。

一　高昌殘文書【一】

（一）

【前缺】

1 □女公主著□

【後缺】

72TAM169:29/2（a）

（二）

【前缺】

1 □紫絁褶□

2 □𠮷(?)荇(?)□

3 □萩(瑟)□

【後缺】

72TAM169:29/5（a）

（三）

【前缺】

1 □疊一疋，佐□

2 □㕑皮一疋價(?)(?)□

3 □綊(?)緈(?)□

4 □次明知□

5 □三文買顏(?)□

6 □寒使□

【後缺】

注釋

【一】本件剩三殘片，字有不可辨者。背面用作書寫僧尼財物疏，故此件置爲本墓首件。

72TAM169:29/6（a）

二　高昌僧法寶等僧尼財物疏

本件爲昔年漏出文書碎片。經内容、格式、筆迹、朱筆點劃，考訂爲昔年刊布《吐魯番出土文書》釋文本第二册、圖文本第壹册之《高昌僧僧義等僧尼財物疏》之漏出部分。今整理者分别予以文書編號，録文刊布。唯昔年定名欠妥，今姑依舊。

（一）

【前缺】

1 □法□

2 □耀　法寶□

3 □道□

【後缺】

72TAM169:29/7（a）

（二）

【前缺】

1 □道□

2 □實□

【後缺】

72TAM169:29/8（a）

（三）

【前缺】

1 □八十丈□

【後缺】

72TAM169:29/9（a）

（四）

【前缺】

1 □七人入一丈一尺〔一〕□

□保小食　義□

【後缺】

72TAM169:29/10（a）

（五）

【前缺】

1 □弜羅（？）□

2 □二孝惠（？）□

【後缺】

注釋

〔一〕夾行字「七人入一丈一尺」爲朱書。

72TAM169:29/12（a）

72TAM169:29/11（a）

（六）

【前缺】

1 ［　］尼［　］

2 ［　］恩　林光

3 ［　］定惠

【後缺】

（七）

【前缺】

1 ［　］孚尊［　］

2 ［　］道寶　惠隹［　］

3 ［　］歆真　玄欽［　］

4 ［　］浄因［　］

【後缺】

（八）

【前缺】

1 ［　］仏□　義充　道［　］

2 ［　］叉義　智元（？）［　］

3 ［　］興　僧崇［　］

4 ［　］吹　僧［　］

【後缺】

72TAM169:29/13（a）

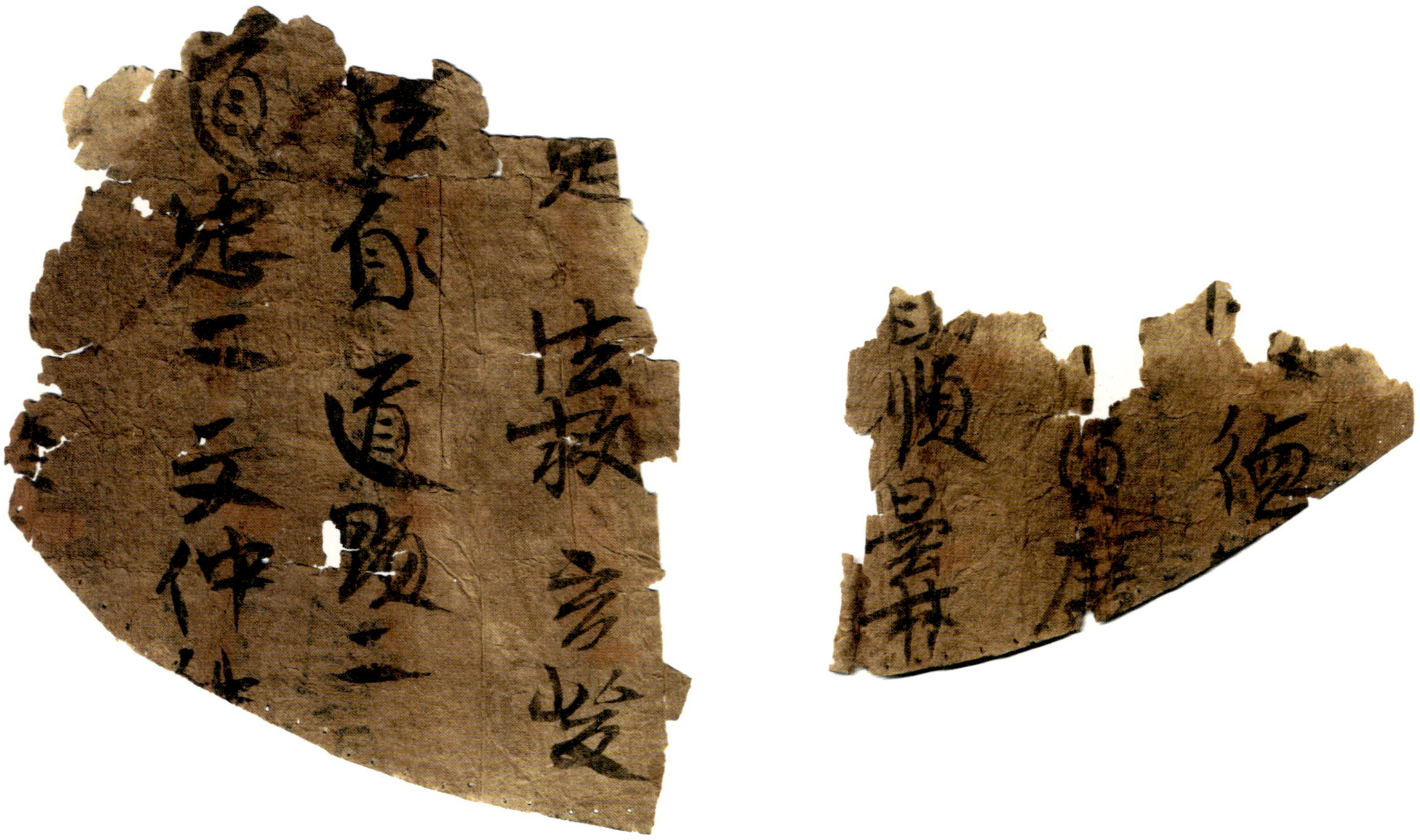

72TAM169:29/14（a）

（九）

【前缺】

1 □德□

2 □道磨（?）

3 □即順　曇林□

4 □定　法救　玄岦（?）

5 □法願　道顯二□

6 □道忠二　文仲告（?）□

【後缺】

72TAM169:29/15（a）

（一〇）

【前缺】

1 □吹□

【後缺】

72TAM169:29/16（a）

（一一）

【前缺】

1 □達忠□

【後缺】

72TAM169:29/17（a）

（一二）

【前缺】

1 □革□□

【後缺】

72TAM169:29/18（a）

（一三）

【前缺】

1 □元□

【後缺】

72TAM169:29/19（a）

（一四）

【前缺】

1 □陷□

【後缺】

72TAM169:29/20（a）

（一五）

【前缺】

1 □昌□

【後缺】

72TAM169:29/21（a）

（一六）

【前缺】

1 □寸四尺半□

2 □丈五尺半□

【後缺】

72TAM169:29/22（a）

（一七）

【前缺】

1 □進昌□

【後缺】

72TAM169:29/23（a）

（一八）

【前缺】

1 □惠□

【後缺】

72TAM169:29/24（a）

（一九）

【前缺】

1 □光訓□

2 □疋余一丈四〔一〕□

□百一十三丈□

【後缺】

注釋

〔一〕「疋余一丈四」爲朱書。

72TAM169:29/25（a）

（二〇）

【前缺】

1 □吺□

【後缺】

72TAM169:29/26（a）

（二一）

【前缺】

1 □□忠小舍□

【後缺】

72TAM169:29/27（a）

（二二）

【前缺】

1 □孚林入□

【後缺】

72TAM169:29/28（a）

（二三）

【前缺】

1 □僧惠□

2 □德耀□

【後缺】

72TAM169:29/29（a）

72TAM169:29/30（a）

（二四）

【前缺】

1 □惠□

2 □和□

【後缺】

（二五）

【前缺】

1 □法弘□

【後缺】

（二六）

【前缺】

1 □演□

【後缺】

72TAM169:29/31（a）

72TAM169:29/1（b）

三　高昌僧僧渕等僧尼財物疏

本件爲昔年漏出文書碎片，經内容、格式、筆迹及朱書尺寸，及「渕」字寫法，考訂爲昔年刊布《吐魯番出土文書》釋文本第二册、圖文本第壹册所出《高昌僧智副等僧尼財物疏》之漏出部分。今整理者分别予以文書編號，録文刊布，定名依舊。

（一）

【前缺】

1 ☐綿一斤，畳一疋☐

2 ☐☐丈　法崮

3 ☐☐人　吉☐

【後缺】

72TAM169:29/2（b）

（二）

【前缺】

1 [ ]曹綿八兩[ ]

2 [ ]昌師綿一[ ]

3 [ ]陏綿八兩疊二疋[ ]
（師）

4 [ ]□陏綿八兩疊二叉
（疋）

【後缺】

72TAM169:29/4（b）

（四）

【前缺】

1 [ ]一疋，疊二疋[ ]

【後缺】

72TAM169:29/3（b）

（三）

【前缺】

1 [ ]一[ ]

【後缺】

72TAM169:29/5（b）

（五）

【前缺】

1 □[illegible]陏疊四疋次□

2 □英（莫？）疊四疋□

3 □疊二疋　曹陏 合入七[一]□

4 □紅陏疊二疋□

5 □一百（？？）陏疊二疋 合入九[二]□

6 □疊十疋□□□□

【後缺】

注　釋

【一】【二】兩行朱書。

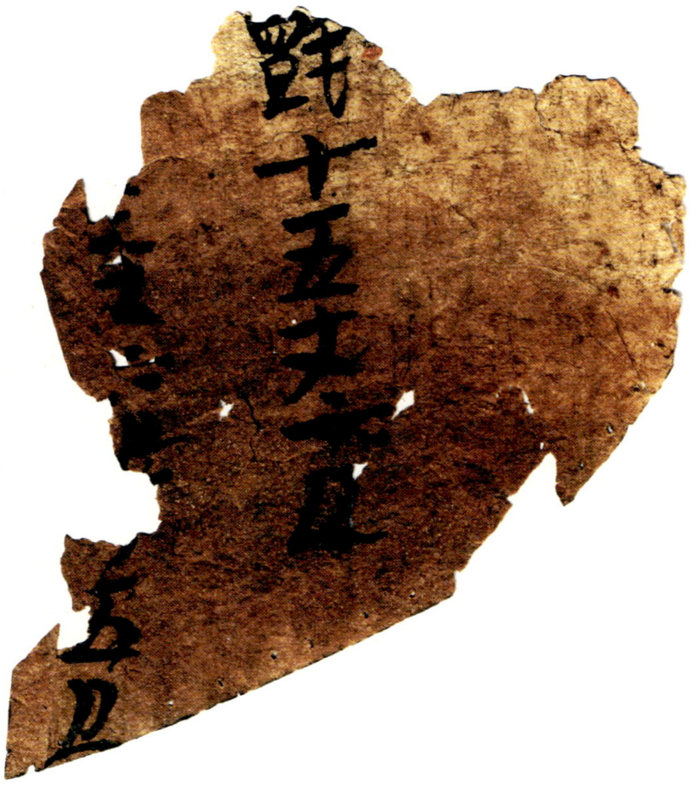

72TAM169:29/6（b）

72TAM169:29/7（b）

（六）

【前缺】

1 ☐氈十五丈六尺☐

2 ☐[三]丈[六]尺☐五尺☐

【後缺】

（七）

【前缺】

1 ☐[丈]四尺半寸☐

2 ☐尺一寸☐

【後缺】

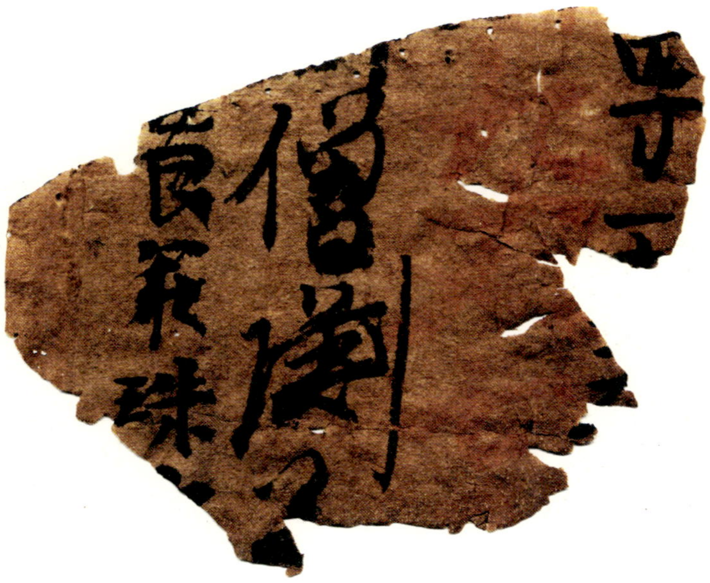

72TAM169:29/8（b）

（八）

【前缺】

1 □四寸一丈□尺□

□九一入七[一]□

2 □僧渕□

3 □㕭（?）茬珠□

【後缺】

注釋

【一】「九一入七」爲朱書。

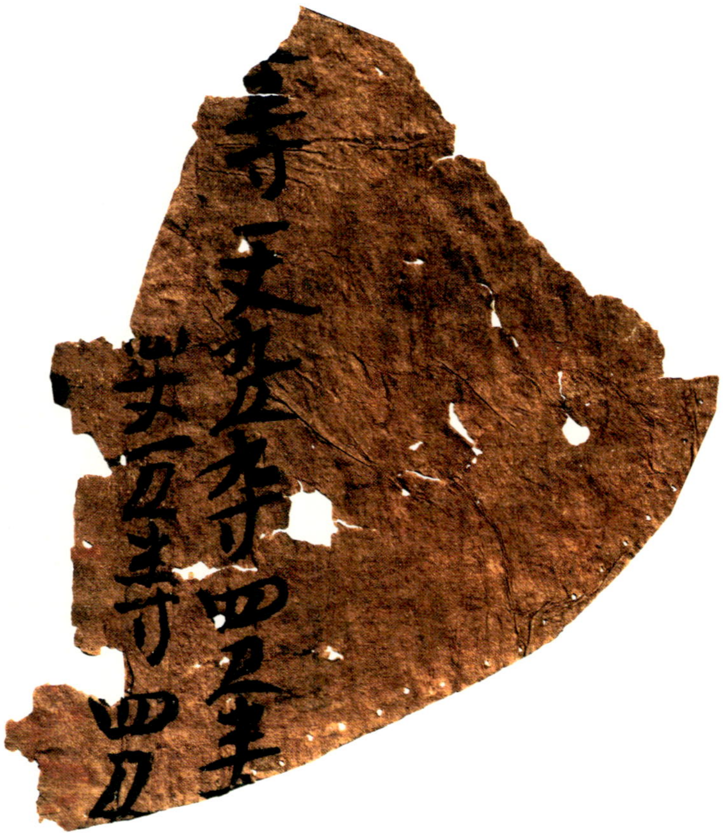

72TAM169:29/9（b）

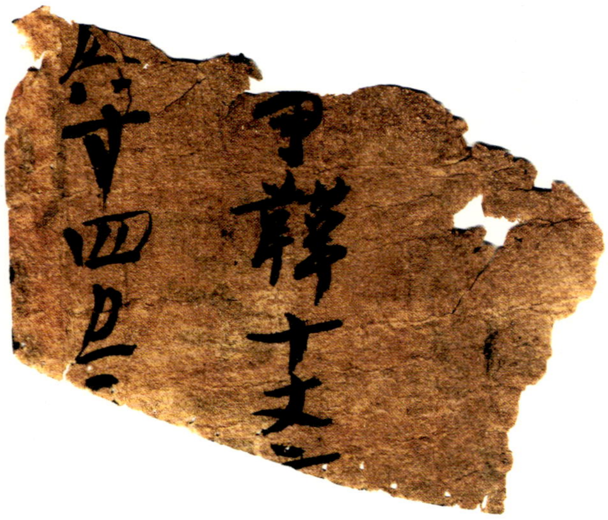

72TAM169:29/10（b）

（九）

【前缺】

1 □尺半寸一丈九尺九寸四尺半□

2 □四丈一尺半寸四尺□

【後缺】

（一〇）

1 □孚韓十丈二□

2 □尺八寸四尺□□

【後缺】

72TAM169:29/11（b）

（一一）

【前缺】

1 □三丈□

2 □六寸七尺八寸二[尺]□

[尺](入?)四寸〔一〕□

3 □[二]尺九寸ふ□

4 □[法]起(?)以〔二〕□

【後缺】

注釋

【一】「[尺]四寸」三字朱書。

【二】該行三字墨色較淡，可能也是夾行批注。

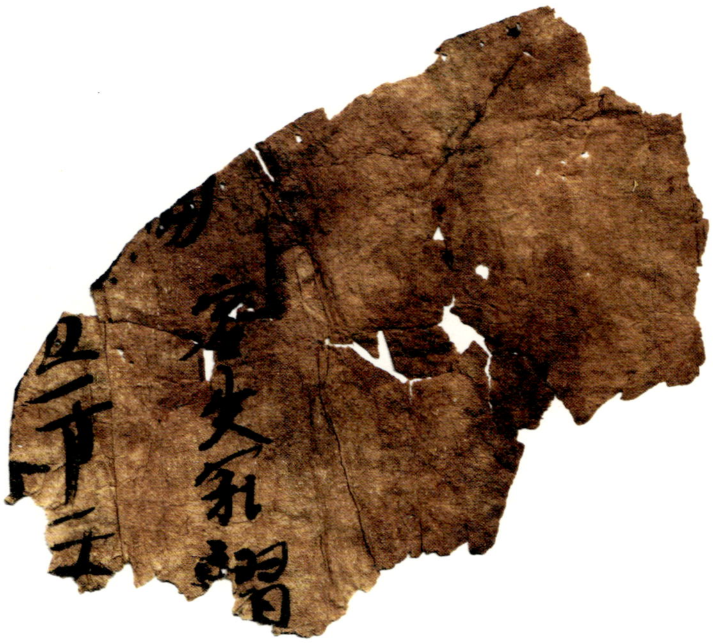

72TAM169:29/12（b）

（一二）

【後缺】

1 （客?）容尖冠褶

2 尺一寸一丈

72TAM169:29/13（b）

（一三）

【前缺】

1 四尺半寸　尺

2 尺九寸一丈五尺半寸一丈

3 尺九寸〔一〕叁十一丈

4 十二丈四尺一寸僧□〔二〕

注釋

【一】「尺九寸」三字爲朱筆。

【二】「僧□」二字墨筆塗抹過。

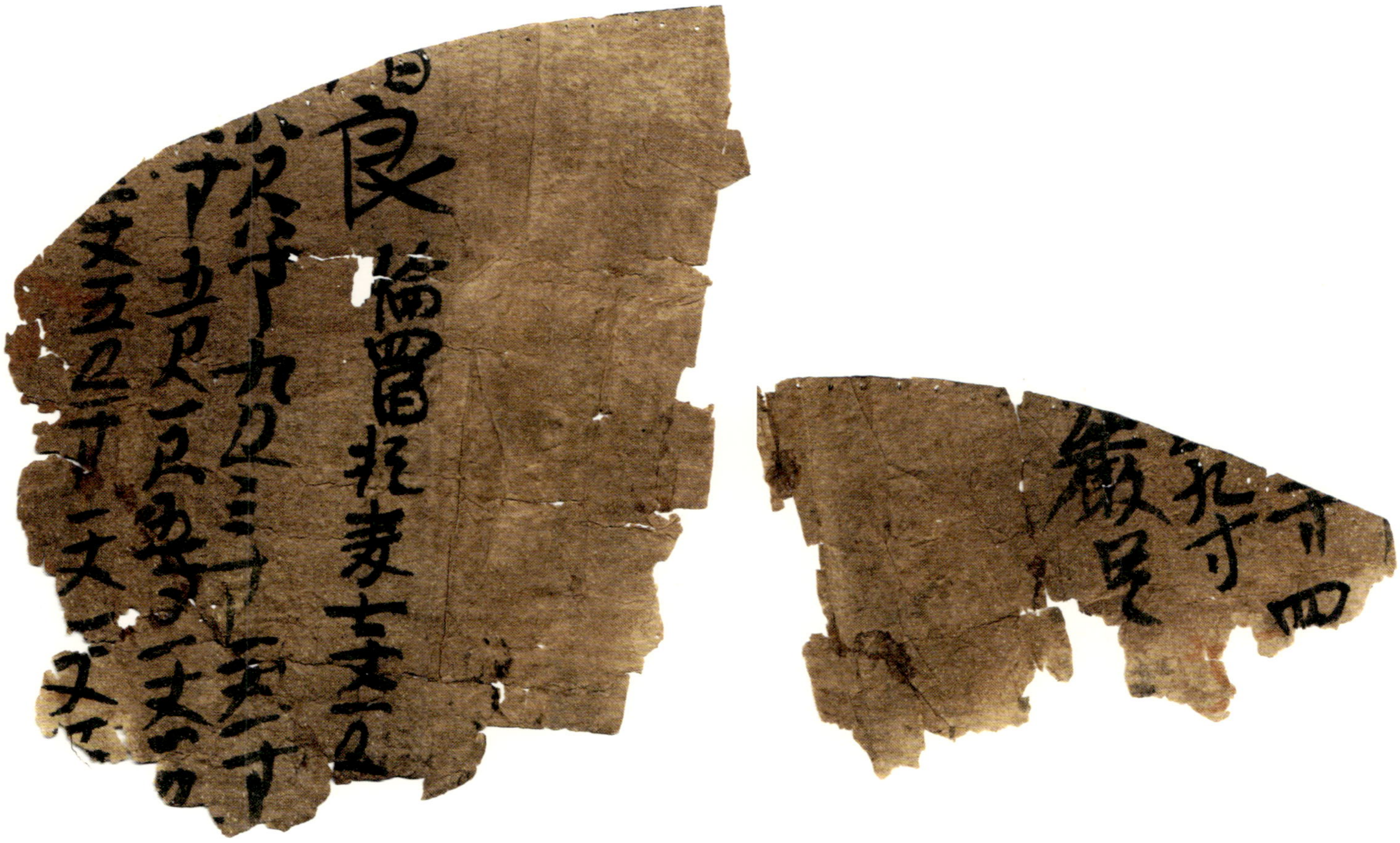

72TAM169:29/14（b）

（一四）

【前缺】

1 □寸四□

2 □九寸□

3 □嚴足□

4 □[匠]良倫罶施麦七丈一尺□

5 □八尺八寸九尺三寸一尺一寸□

6 □寸五尺一尺五寸一丈一[尺]□

7 □[二]丈五尺一寸一丈一丈[五]□

【後缺】

（一五）

72TAM169:29/15（b）

【前缺】

1 □尺二十一丈□

【後缺】

（一六）

72TAM169:29/16（b）

【前缺】

1 □羅囑□

【後缺】

（一七）

72TAM169:29/32（b）

【前缺】

1 □九尺九寸□

【後缺】

（一八）

72TAM169:29/33（b）

【前缺】

1 闞□

【後缺】

72TAM170:29/1（a）

阿斯塔那一七〇號墓文書

此批文書應與原刊布件原件對比，或可拼合。

一　高昌僧智西等僧尼得施財物疏

本件爲昔年漏出文書殘片。經内容、格式、筆迹、朱筆點劃，考訂爲昔年刊布《吐魯番出土文書》釋文本第二册、圖文本第壹册之《高昌僧義遷等僧尼得施財物疏》之漏出部分。今整理者分别予以文書編號，録文刊布，定名依舊。

（一）

【前缺】

1 □智西　導達　佂□

2 □孝周　惠瑛　惠嵩□　宫□

3 □法定　衆養

【後缺】

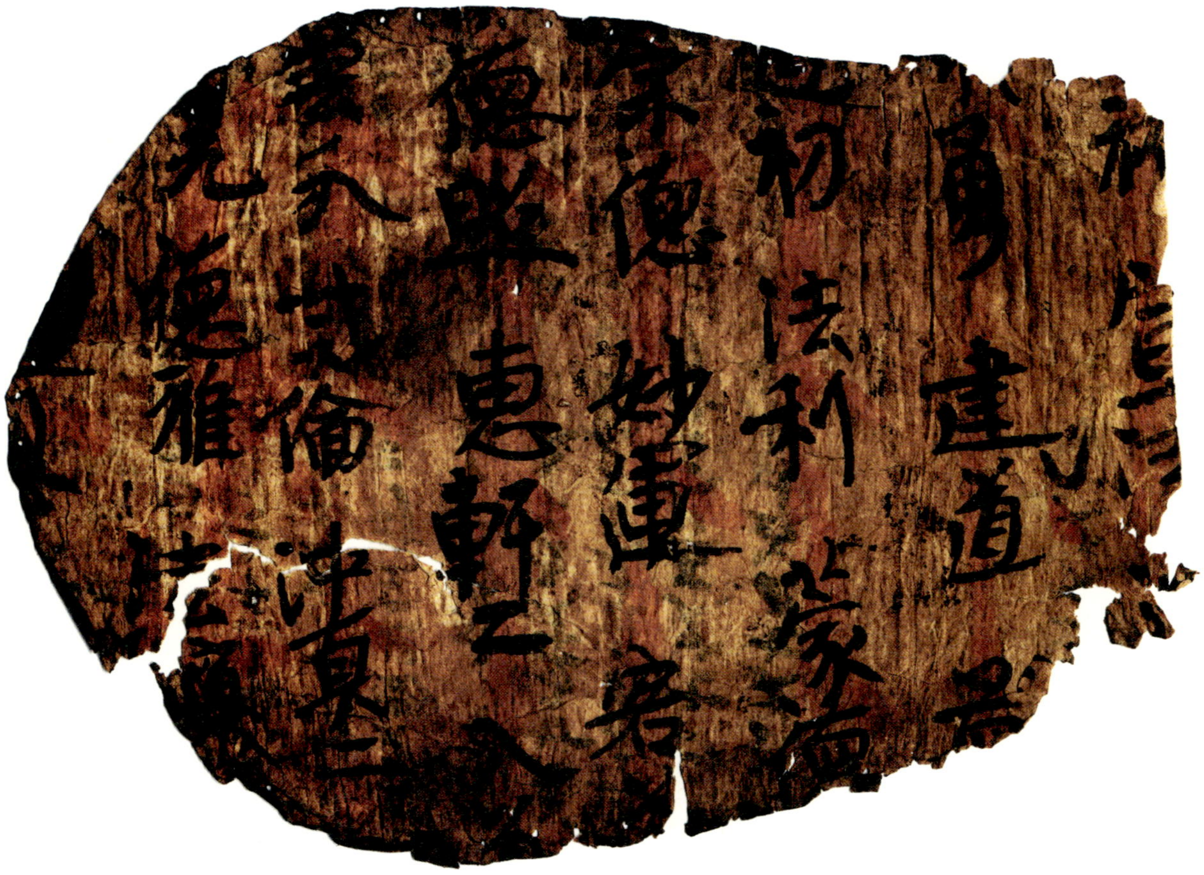

72TAM170:29/2（a）

（二）

【前缺】

1 ▯初 宣法▯

2 ▯勇 建道∨ 邕▯

3 ▯道初 法利 蒙德▯

4 ▯榮德 妙運 客道▯

5 ▯德照 惠軒二 入道▯

6 ▯曇入 戒倫 冲真二▯

7 ▯元 德雅 法唄▯

【後缺】

72TAM170:29/3（a）

（三）

【前缺】

1 □施　尼願茧（英？）□

【後缺】

72TAM170:29/4（a）

（四）

【前缺】

1 □智容　顧□

2 □玄勝　智□

3 □宗二　妙真

4 □惠賢　普颜□

5 □僧順　惠林三□

6 □果（？）親　義顯□

【後缺】

72TAM170:29/5（a）

72TAM170:29/6（a）

（五）

【前缺】

1 □璸容□

2 □旲二　思惠□

【後缺】

（六）

【前缺】

1 □僧渕（淵）□

2 □小道□

【後缺】

72TAM170:29/7（a）

（七）

【前缺】

1 □五□

2 □疋（？）□

【後缺】

72TAM170:29/8（a）

（八）

【前缺】

1 □惠嵩 㕣□

【後缺】

72TAM170:29/9（a）

（九）

【前缺】

1 「　　」□　建□「　　」

2 「　　」欽（？）　道偉「　　」

3 「　　」亡匠「　　」

【後缺】

72TAM170:29/10（a）

（一〇）

【前缺】

1 「　　」[褶]「　　」

【後缺】

72TAM170:29/1（b）

二　高昌僧道嵩等僧尼得施財物疏

本件爲昔年漏出文書殘片，書於前件另面。經内容、格式、筆迹、朱書考訂爲昔年刊布《吐魯番出土文書》釋文本第二册、圖文本第壹册之《高昌僧僧明等僧尼得施財物疏》之漏出部分。今整理者分别予以文書編號，録文刊布。

（一）

【前缺】

1 □一千五百五十丈□
2 □千一百八十五丈一尺八寸二千四□
3 □九百卌一丈八尺五寸七百九十二丈□〔一〕
4 □百丈得□□數六万八千四百卌九□
5 □万四千丈□道嵩七万二千丈余六十四〔二〕□
6 □救（數？）三万九千三百九十七□
7 □丈□酉願五万七千二□

【後缺】

注釋

〔一〕3行與4行間夾一行朱書文字，字迹太淡，僅可辨「万」「千」「丈」數字。
〔二〕「余六十四」爲朱書。

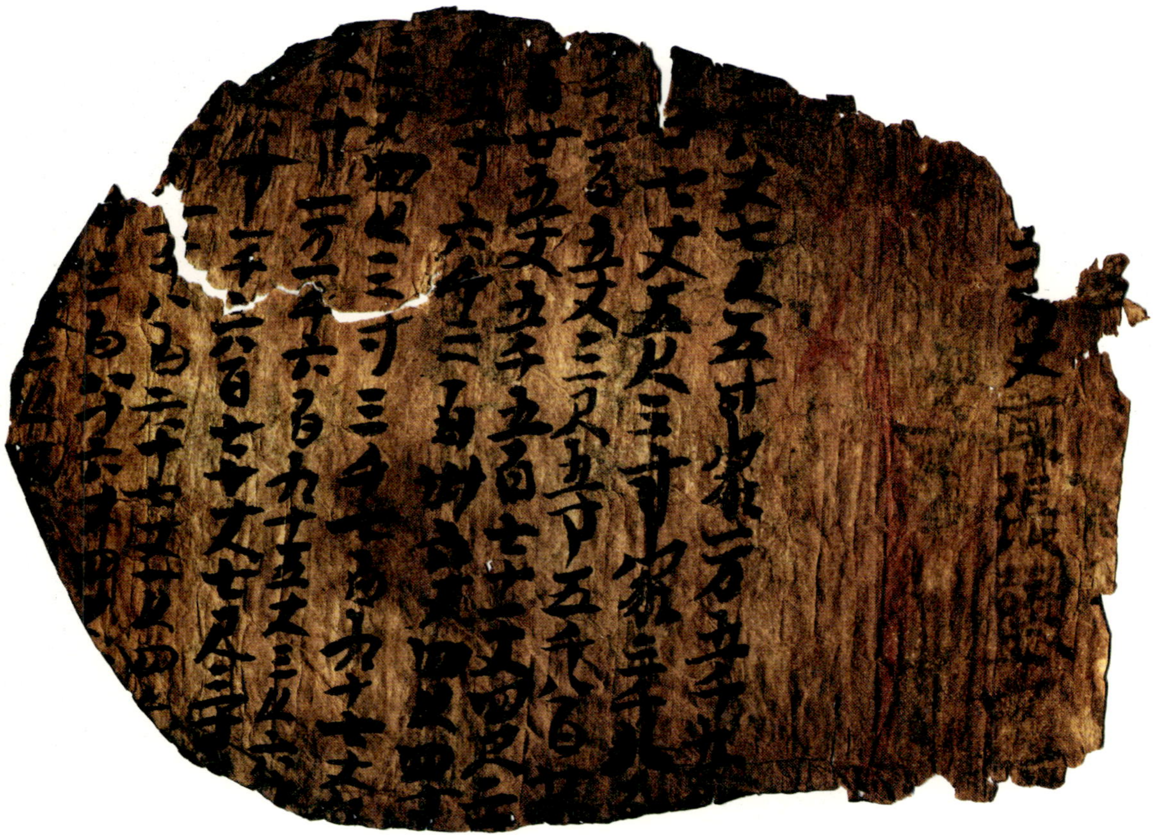

72TAM170:29/2（b）

（二）

【前缺】

1 ☐☐万丈取張壂（壁）（申）〔一〕☐

了〔二〕

2 ☐五十八丈七尺五寸𥫗一万五千九百☐

3 ☐（百）廿七丈五尺三寸𥫗三千九（百）☐

4 ☐二千二百五丈三尺五寸五千八百廿四☐

5 ☐（千）一百廿五丈五千五百七十一丈四尺二寸☐

6 ☐尺五寸六千三百卌六丈四尺四寸☐

7 ☐三丈四尺三寸三千七百九十七丈（九）☐

8 ☐尺八寸一万一千六百九十五丈三尺六寸☐

9 ☐尺八寸一千六百七十丈七尺三寸☐

10 ☐寸一千八百六十七丈一尺四寸☐

11 ☐千三百八十六丈四尺☐

12 ☐丈二尺四寸☐

【後缺】

注釋

〔一〕「取張壂（申）」諸字較大，墨色淡。

〔二〕「了」字朱書，占兩行空間。

72TAM170:29/3（b）

72TAM170:29/4（b）

（三）

【前缺】

1 □一丈七□

【後缺】

（四）

【前缺】

1 □六尺三寸二丈九□

2 □四寸六尺七寸六□

3 □食十六丈合九十[一]□

4 □尺五寸自析。

注釋

【一】「合九十」爲朱書。

72TAM170:29/5（b）

（五）

【前缺】

1 □容

2 二丈□

3 □[尺]一寸一丈七尺五寸□

4 □[尺]七寸[illegible]一丈□

5 □七尺五□

【後缺】

72TAM170:29/6（b）

72TAM170:29/9（b）

（六）

【前缺】

1 □丝八万七千五□

2 □寶祭二□

【後缺】

（七）

【前缺】

1 □物一百□

2 □八千八百五□

3 □五尺三寸入曲□

了

【後缺】

兩件不知墓號吐魯番文書

此兩件據錢伯泉《兩件吐魯番出土文書介紹與研究》一文轉録，因未見原件，故録文恐有不當之處。錢氏所得文書二件，可能出自個人收購，出土地點不明。

一　高昌延壽十四年（公元六三七年）客館文書

1 □阿利摩訶大官，真朱人貪旱大［　　］
2 官，好延胡臘振摩訶賴使金穆［　　］
3 天官伍日，次范石兒付［　　］
4 用看居俑拙使伍日［　　］
5 付康善射用看塢［　　］
6 十四年酉歲［　　］
【後殘】

按：此件據錢伯泉文之原件照片及録文，故不可靠，因未查看原件。又後參見《吐魯番出土文書》图文本貳册第七六頁所刊布件。

二　《老君十六變詞》殘卷

1 老君十六變詞
2 一變之時，生在南方亦
3 如火。出胎墮地能獨坐，
4 合口誦經聲琑琑，眼中
5 淚出珠子磥。父母世間
6 驚怪我，復畏寒凍
7 來結果，身著天衣
8 誰知我。
9 二變之時，生在西岳
10 在漢川。寄生王家
11 練精神。出胎墮地能
12 語言，晃晃昱昱似
13 金銀，三十六色綺羅
14 文。國王歡喜會群臣，
15 英儒雅士平論。忽然
16 易體在北方，出胎墮

17 地
18 三變之時。合誦經聲
19 瑯瑯，額上三午十二
20 行，兩手不開把文章。
21 配名天地厚陰陽，從
22 石入金快翱翔。
23 四變之時，生在東方
24 身青蒽，出胎墮地
25 能瞳春，合口誦經聲雍雍。

【後缺】

按：此殘卷應查《敦煌寶藏》所收卷子。又應查逯欽立之所收詩等。

73TAM206:42/11-11

阿斯塔那二〇六號墓文書

昔年已刊布本墓出土武周永昌元年（公元六八九年）麴氏墓誌及一十五件文書。今檢舊時漏出文書殘片多件，復經整理，予以編號，公諸於衆。

一　唐貞觀廿三年（公元六四九年）榆樹辯辭爲婢死事

本件爲昔年漏出文書殘片，雖有墓號，然無文書編號。今據人名、内容、筆迹，並及法律文書格式，知爲昔年刊布同墓所出《唐勘問婢死虚實對按録狀》缺失部分。並新予文書編號，姑置附於昔刊件後。唯昔年刊布件釋文、斷代有誤，分段及定名欠妥。

【前缺】

1 ［　］去五月内身［　］

【中缺】

2 被問依實謹辯。□□狀如前謹𢃄（牒）

【中缺】

3 ［　］廿三年十月【一】

【中缺】

4 ［　］買（賈？）榆树【二】年卅六

5 保人前庭［　］年卌五

6 保人承禮鄉人王勝達［　］

7 保人承禮鄉人□中通年廿［　］

8 ［　］行通年廿八

9 ［　］緒年卌八

【後缺】

注釋

【一】據本墓永昌元年墓誌，推知此前唯唐太宗貞觀行用二十三年。是年五月卒，子李治立，逾年改元。然避父諱，故本件2行之「牒」字，寫作「𢃄」。

【二】榆樹昔年刊布件將「榆」釋作「檢」，今予更正。據昔刊殘件，知榆樹因婢死遭告發而被訊問，故作此辯辭。

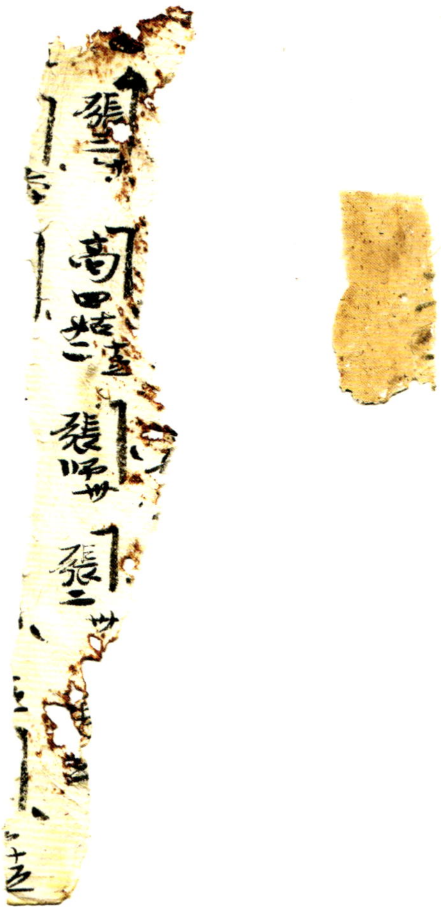

73TAM206:42/9-34

二　唐課公廨錢本利歷

本件爲昔年漏出文書五殘片，原無出土墓號及文書編號。今據人名、内容、書寫格式，並及筆迹，知與昔年刊布《唐課錢帳歷》同爲一件。故新予文書編號，姑置於舊件後。又昔年定名爲「課錢帳歷」，未妥，應是「課公廨錢本利歷」。此件非是西州高昌縣物，且年代應在永徽前，俟後專文論之。

（一）

【前缺】

1 張三十八　高四姑二十五　張師卅　張二卅　張三。？

2 六十　□十五　□十五

【後缺】

（與《精二》P311頁（七）之行5人名錢數同，310頁（五）之行5、307頁（二）行5同。）

73TAM206:42/9-35

73TAM206:42/9-36

（二）

1 □余卅六倍課

【後缺】

（三）

【前缺】

四年春（?）二正月十日取陸伯文

【後缺】

73TAM206:42/9-37

73TAM206:42/9-38

73TAM206:42/9-39

（四）

【前缺】

1 □旧□斷（？）正月十日所欠合□

【後缺】

（五）

【前缺】

1 二月十九日入本一百卌三文□

【後缺】

（六）

【前缺】

1 二月廿一日入本七十九利（？）□□

【後缺】

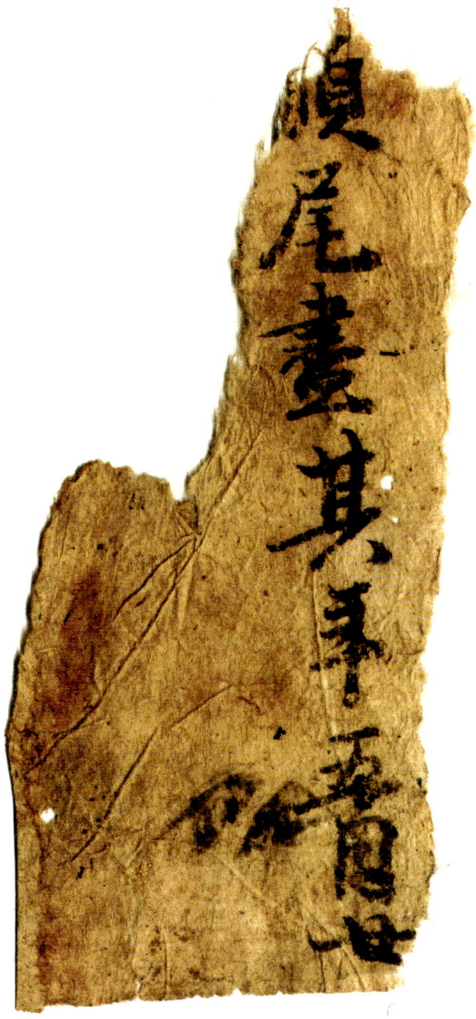

73TAM206:42/3-3

三　唐咸亨三至五年（公元六七二—六七四年）文官俸案文書

本件爲昔年漏出文書，殘剩一行八字，無出土墓號亦無文書編號。今據「尾盡」二字，知是唐制。復據書寫筆迹、内容，考訂與昔年刊布二〇六號墓所出《唐咸亨三至五年文官俸案》同爲一件。今予新編號，姑附於昔刊件後。又昔定名作「文官俸案」，未妥。俟後考訂。今且依昔年定名。

【前缺】

□願尾盡其年五月廿

【後缺】

60TAM314:08

阿斯塔那三一四號墓文書

一　唐專行軍糧案殘牒

本件爲昔年漏出有字剪紙殘片。雖有出土墓號，然無文書編號。今新予文書編號。

【前缺】

1 □依

2 □應(?)由同

3 □來專行軍粮案

【後缺】

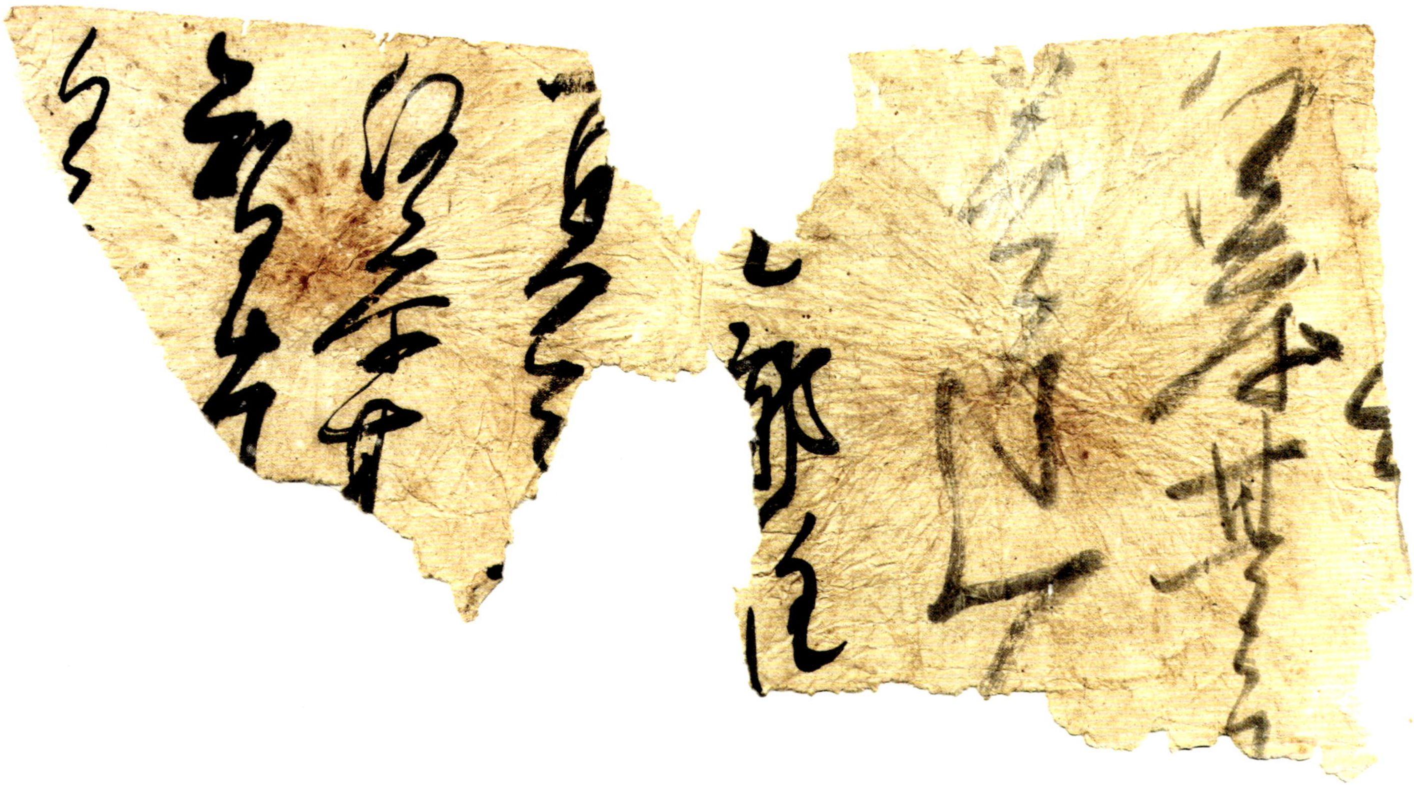

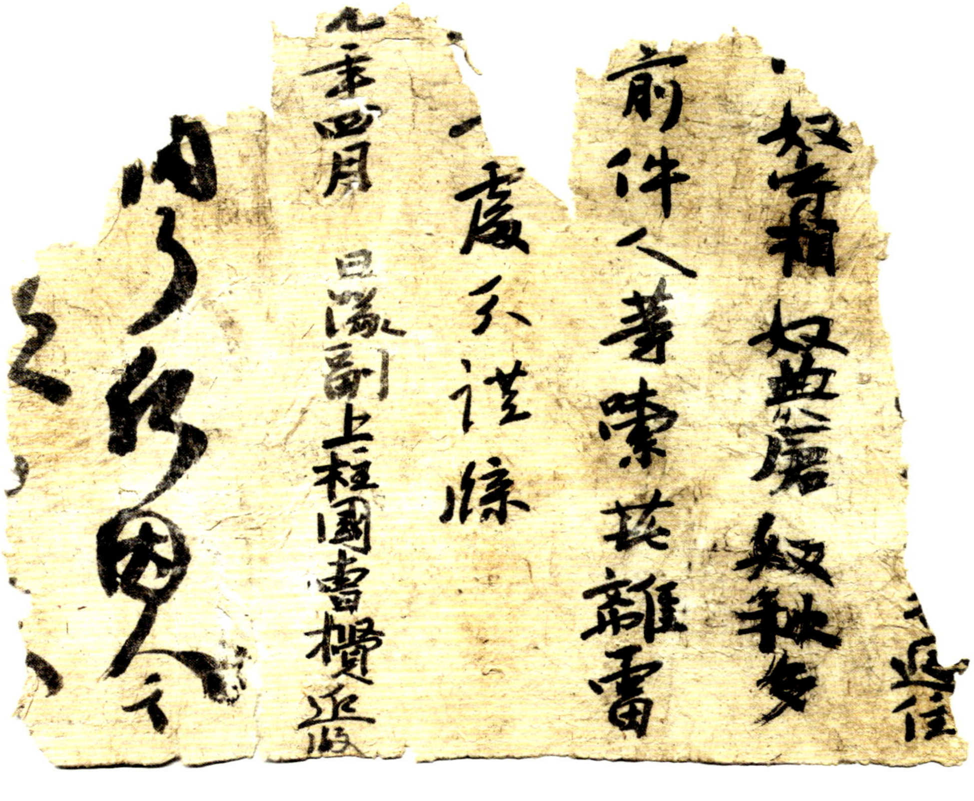

73TAM525:11

阿斯塔那五二五號墓文書

本墓出泥坯刻字墓誌一方，昔年訂作高昌年間（公元五三一—六四〇年）。見《新疆文物》二〇〇〇年三—四期合刊第二五〇頁。又舊時漏出唐代文書一件，今補録出。

一　唐隊副曹攬延牒爲索笆籬檑木事【一】

【前缺】

1 □延住

2 奴守相　奴典倉　奴秋多

3 前件人等縈芘䨼雷（索）（笆）（籬）（檑）

4 處分謹牒（牒）

5 元年四月　日隊副上柱國曹攬延牒（牒）

6 了仃因今（何）

【後缺】

注釋

【一】本件殘無紀年，但從銜名及兩處「牒」字寫作「𢇍」，以避唐太宗諱，知是作於太宗卒後。

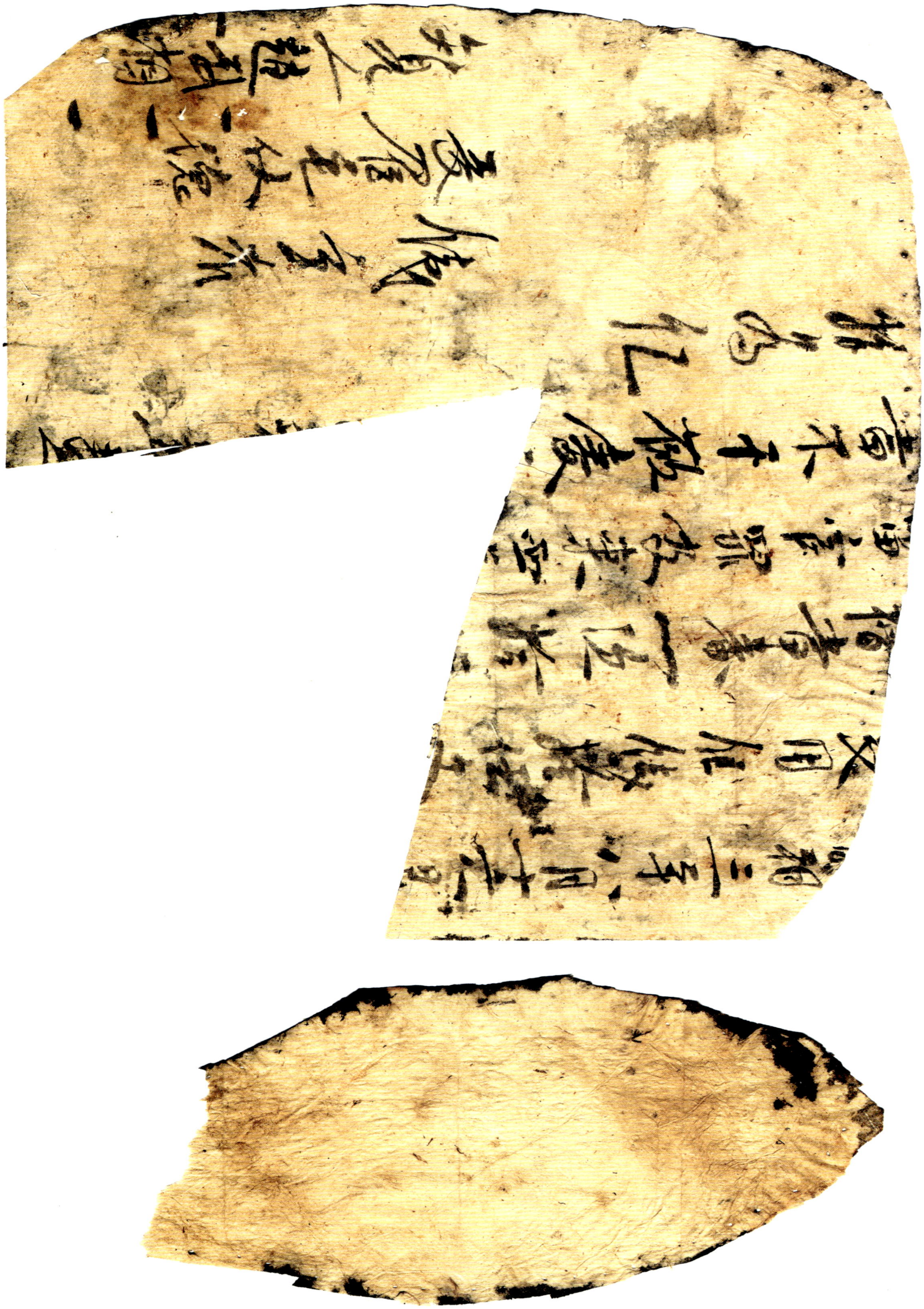

06TAM602:25/1–3

阿斯塔那六〇二號墓文書

本墓爲夫妻合葬墓，夫後亡。女尸所着紙鞋中拆出文書殘片多件，有紀年者爲唐龍朔三年（公元六六三年）。

一　唐龍朔三年（公元六六三年）范歡慶僱人上槽契【一】

1 龍朔三年八月十六日□

2 交用銀錢拾伍文□

3 槽當番一次拾伍□

4 留官罪及東西□

5 當，不干歡慶□畫

6 指爲記。

7 　　　　錢主范

8 　　　　受雇毛伏德　——

9 　　　　知見人趙武相　——□

【後缺】

注　釋

【一】本件多有殘損，但行3云「當番一次拾伍」，行4云「留官罪」與TAM338號墓之《唐顯慶三年（公元六五八年）西州高昌縣范歡慶僱人上烽契》相比較，知是僱人上槽契。唐西州設有官驛，其内置槽，以飼驛馬。「上槽」爲唐之雜徭。

06TAM602:25/1-2

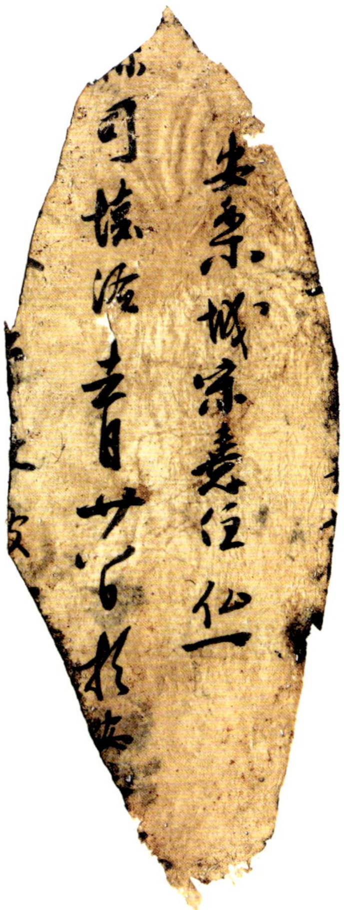

06TAM602:25/1-1

二　唐懷洛辭爲請公驗事

【前缺】

1 安楽城宋憙住、仏（佛）一
2 縣司：懷洛十二月廿八日於安
3 云（云？）在彼城
4 □仏遣懷洛於此訪覓，今訪覓二人（？？）
5 並是同鄉人范隆洛及一僧二人盜將。
6 今欲於隆洛邊捉送，恐悉不練，謹
7 以辭陳，請給公驗，謹辭。
8 必
9 即捉
10 式

64TAM4:46/1-1

阿斯塔那四號墓文書

一　唐支用錢練帳一補

本件爲昔年漏出殘片，原無出土墓號，亦無文書編號。經内容、用語、筆迹考訂，知爲昔年刊布《唐支用錢練帳一》漏出碎片，今新予文書編號。唯舊定名欠妥，俟考。今定名姑依舊，後加一「補」字。

（一）

【前缺】

1 ▭稸，更用□文買苜蓿▭

2 ▭六文糴(羅)麸(麨)▭

【後缺】

64TAM4:46/1-2

64TAM4:46/1-3

（二）

【前缺】

1 □更用□半疋得三(?)□

【後缺】

（三）

【前缺】

1 □苜蓿□

【後缺】

64TAM4:46/1–4

64TAM4:46/1–5

（四）

【前缺】

1 □用錢（？）

2 練一疋買

【後缺】

（五）

【前缺】

1 幢憙

【後缺】

（六）

【前缺】

1 祀

【後缺】

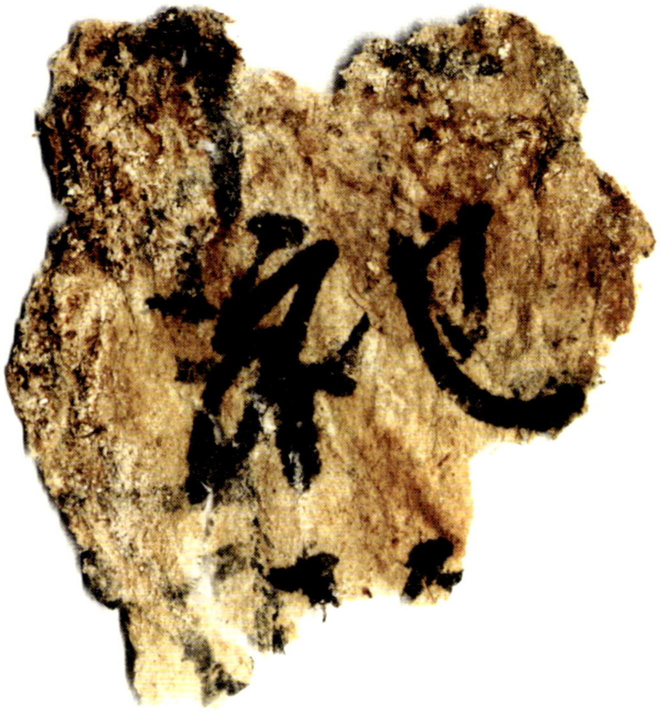

64TAM4:46/1–6

64TAM4:50（a）-1

64TAM4:55/1

二　唐兵士領幕鍋等物抄

本件殘剩二行十二字，爲昔年漏出文書，今據筆迹、内容判定爲昔年刊布同墓所出《唐□庶武等領物抄》之缺失部分。唯舊刊布件釋文有漏誤，定名不確。今予文書編號，並新作定名。

【前缺】

1 □幕一口，銅遇（鍋）一口，□

2 □鐵一口，領人□

【後缺】

三　唐某人用錢夏佃殘契

【前缺】

1 □交用錢□

2 □邊夏□

【後缺】

72TAM230:46/4

阿斯塔那二三〇號墓後出文書

本墓出土文書昔年刊布於《吐魯番出土文書》釋文本第八册、圖文本第四册，今又檢出昔年漏出文書殘片多件，經拼合釋文，共八件。中有數件可與前已刊布件拼合，俱爲唐及武周時文書。

一　唐儀鳳三年（公元六七八年）尚書省戶部支配諸州庸調及折造雜練色數處分事條啓

本件殘剩三片，亦無文書編號。經内容、書寫格式、筆迹考訂爲昔年刊布同墓所出《唐儀鳳三年尚書省戶部支配諸州庸調及折造雜練色數處分事條啓》之漏出殘片，中有可完整拼合者，今新予文書編號，定名依舊。

（一）

1　護【一】

2　都護【二】

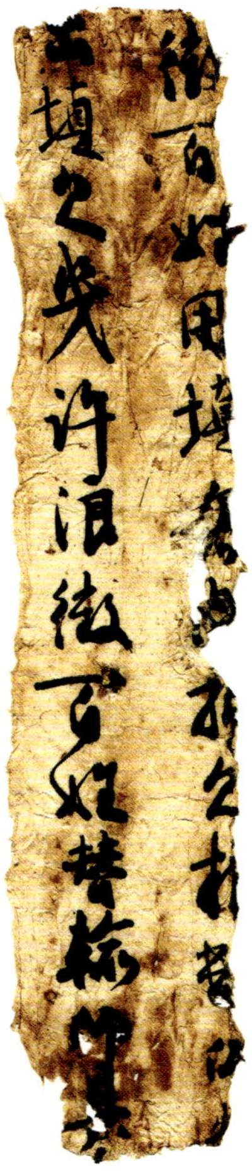

72TAM230:46/3

72TAM230:46/5

（二）

【前缺】

1 □徵百姓用填[倉]□[折]欠。[折][數][仰]（?）□

2 □[出]填欠幾許，浪徵百姓替輸。仰具□

【後缺】

（三）

【前缺】

1 取□

2 一 [庸]□

【後缺】

72TAM230:46/6

（四）

【前缺】

1 □後申州今即(?)(?)□

2 □卩仰即全輸半輸入

【後缺】

注釋

【一】此字殘剩字頭「𠂇」，經考可與前已刊布《吐魯番出土文書》圖文本第肆册第六六頁行十之首字對照，完整拼合爲「護」字。故此行無前缺。

【二】此字殘剩右側字頭「𠂉」，經考可與前已刊布《吐魯番出土文書》圖文本第肆册第六六頁行十一第二字對照，完整拼合爲「護」字，故此行無下缺。

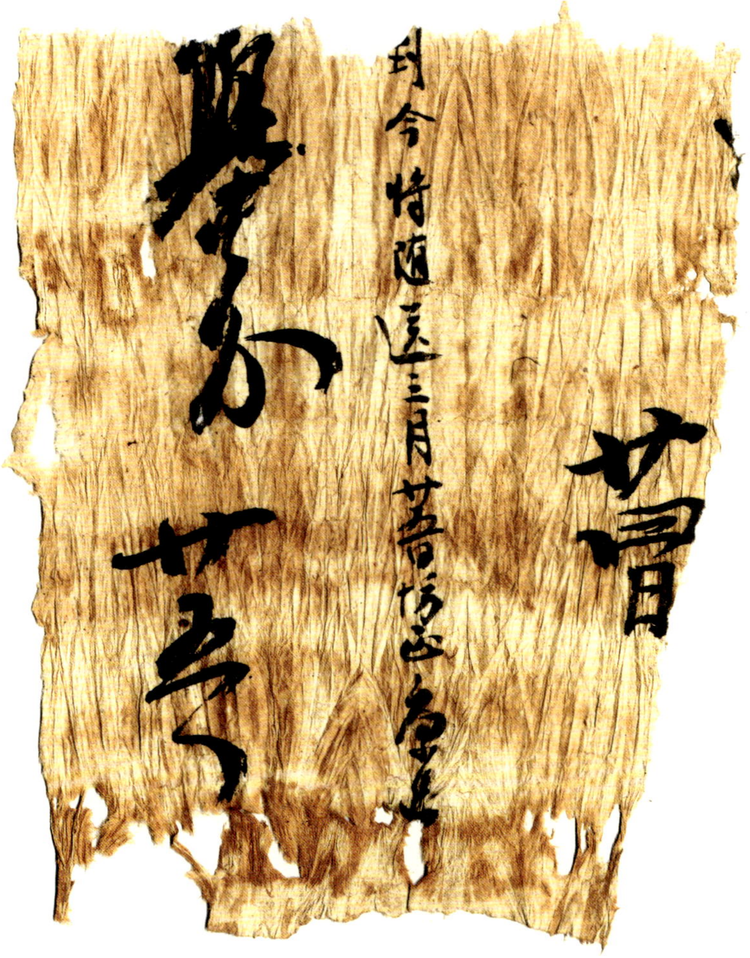

72TAM230:75/1

二　唐坊正康進殘文書

【前缺】

1　　　　　　　廿四日

2　□到，今將隨送。三月廿五日坊正康進

3　□舉示　　廿五日

【後殘】

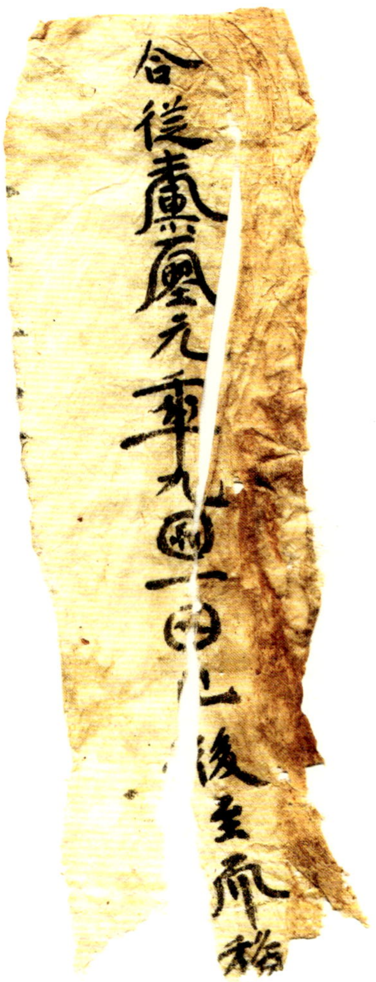

72TAM230:49/1

三　武周天授二年（公元六九一年）總納諸色逋懸及屯收義納糧帳

本件爲昔年漏出文書，殘剩二片，無出土墓號，亦無文書編號。考其内容、筆迹、年號，知與昔年刊布《武周天授二年總納諸色逋懸及屯收義納糧帳》爲同一件。片（一）又據内容及拆口痕迹，可與前已刊布件之行1拼合。片（二）則應是屯收義納糧數，接已刊布諸色逋懸之後，並分别新予文書編號。

（一）

1　合從𡕀(載)𡔈(初)元𠡦(年)九㊊(月)一〇(日)已後至𠦚(天)𥠖(授)［　　］［二］

72TAM230:49/2

（二）

【前缺】[二]

1 粟□

2 右同前⊕〇(月)(日)□

3 粟二百九十七石□

4 右同□

【後缺】

注釋

【一】本殘片已與前刊布件首行拼合，故雖只剩一行，亦知前後均無缺。

【二】據定名題解，此片（二）應置於昔刊布件後。唯二者間，當有「中缺」，而非「前缺」。今因抄寫之便，故暫作「前缺」。

72TAM230:67/3

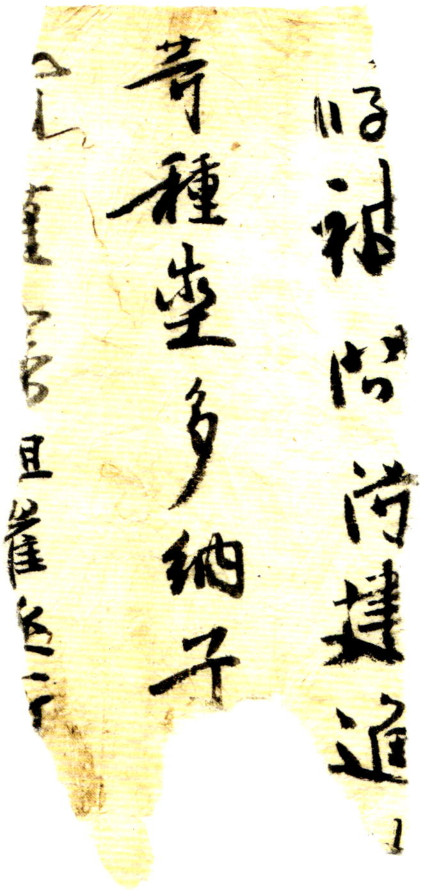
72TAM230:67/2

72TAM230:67/1

四　武周天授二年（公元六九一年）唐建進辯辭

本件爲昔年漏出三殘片，無墓葬及文書編號。據紙質、内容、法律文書格式、筆迹考訂，可拼爲一，新予文書編號。又查與昔年刊布於《吐魯番出土文書》圖文本第肆册之七〇—七六頁，所收唐建進告主簿高元禎職田違制調查案卷，與之人名、内容、格式、若干筆迹亦同，故定名斷代依舊。

1 唐建進年卅七　　　　　　　　　　　　一一一

2 建進□□簿於安昌所種田是

【中缺】

3 牒（牒）被問得建進□

4 等種埊（地），多納子□

5 □嗟□且崔䦷□

【中缺】

6 今欵連署□

7 依實謹牒

8 　　　　爪穑（天）（授）□

【後缺】

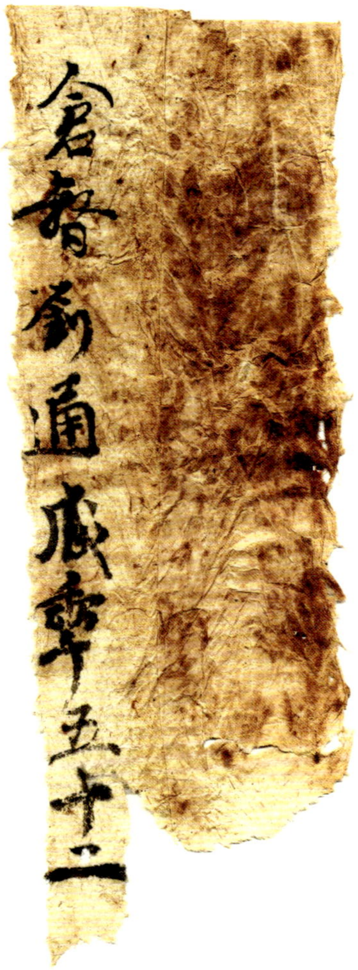

72TAM230:5

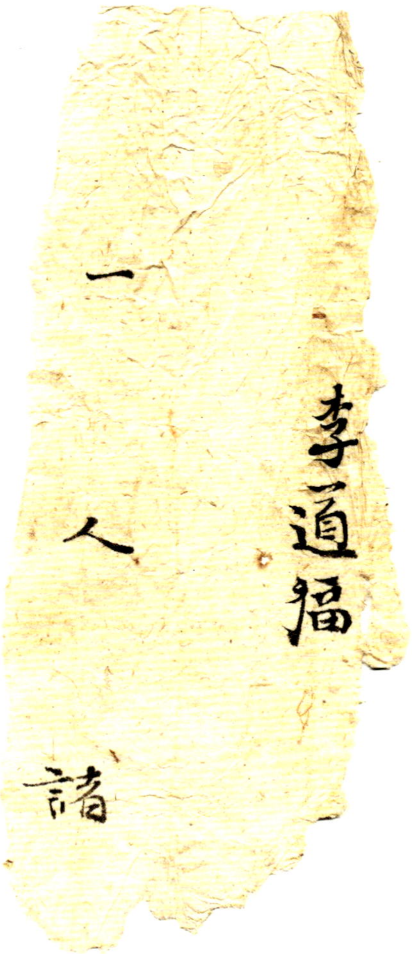

72TAM230:64/1

五　武周倉督劉通感辯辭

本件殘存一行九字，無墓葬及文書編號。今據人名、職掌、筆迹及法律文書格式，考訂爲昔年所刊布同墓《唐通感等辯辭爲徵納逋懸事》之首行。又見剩字内，「年」作「𠦚」，故斷代爲武周。

1　倉督劉通感𠦚(年)五十二

六　武周李道福等殘名籍

本件爲昔年漏出，剩三片八行，書於白麻紙上，原無文書編號，今據殘存「麴大志」名，又見於昔年刊布同墓所出《武周勘田牒》中。該牒用武周新字，但「人」字不改，如同本件。故姑將本件定作武周，並新予文書編號。

（一）

【前缺】

1　李道福□

2　一　人　諸□

【後缺】

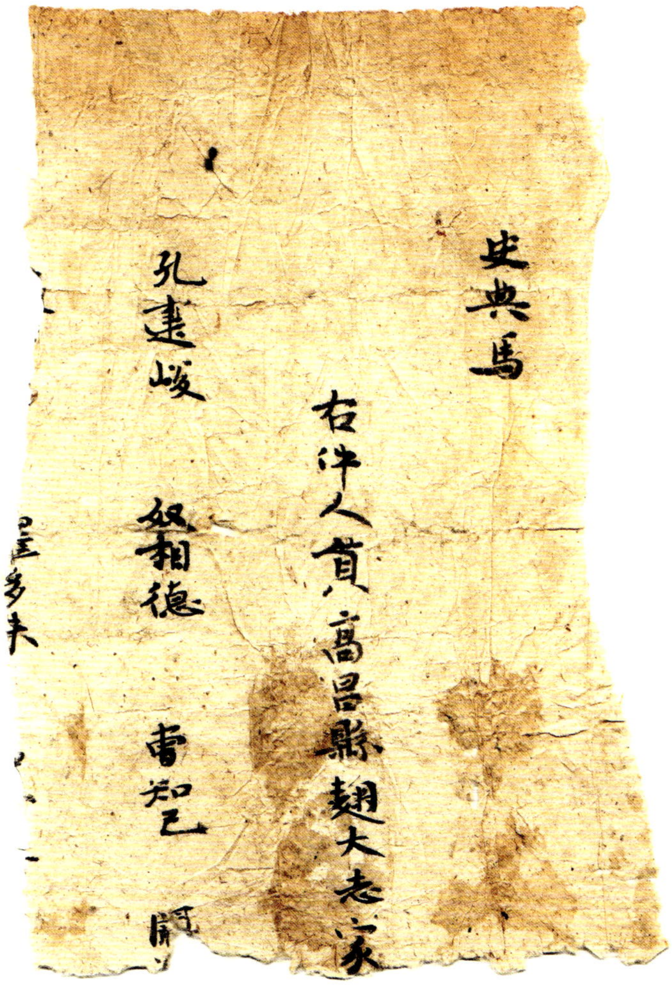

72TAM230:64/2

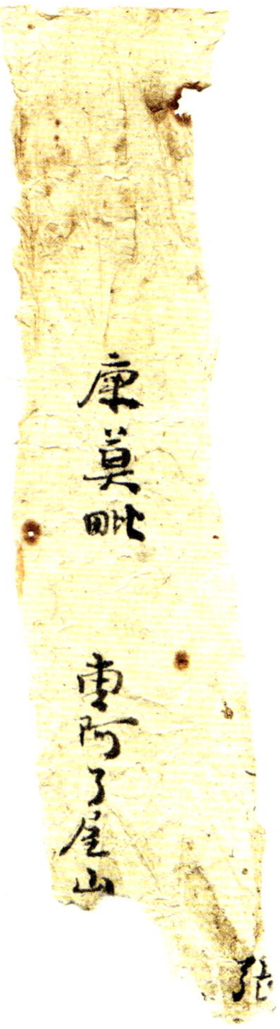

72TAM230:64/3

（二）

【前缺】

1 史典馬

2 右件人貫高昌縣麹大志家□

3 孔建峻　奴相德　曹知己　闞□

4 □□□　⿰□隹（翟？）多⿰□卡□□□

【後缺】

（三）

【前缺】

1 □張□

2 康莫毗　曹阿了尾山□

【後缺】

72TAM230

七　武周里正趙弘慈等殘牒尾

本件殘甚，爲昔年漏出殘片，見用武周新字，故定作武周。又昔年刊布同墓所出殘牒多件，因今無見，未知可否拼合，俟後。

【前缺】

3 里正（正）□□□

4 里 正 趙弘慈□□□

【後缺】

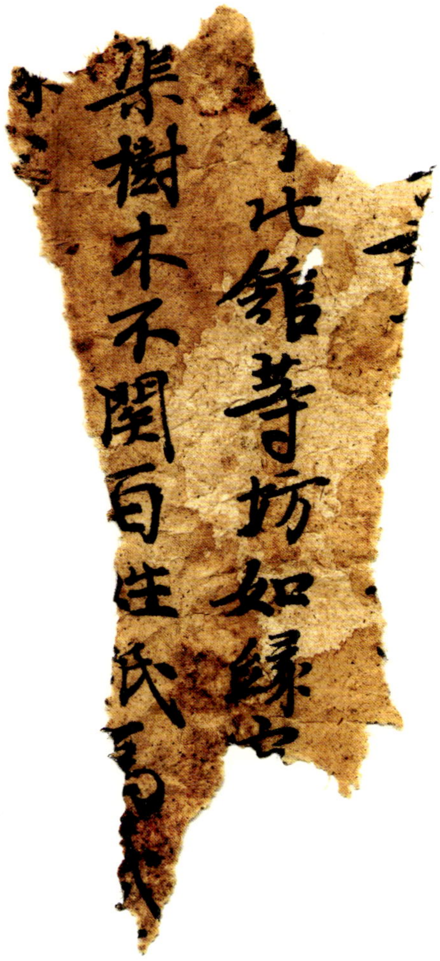

72TAM230:48/3

72TAM230:48/4

八　唐西州請北館坊採車材文書

本件殘剩二片，原無墓葬及文書編號，爲舊時漏出。今據僅存館名、内容、筆迹比對，知與昔年刊布本墓《唐西州請北館坊採車材文書》爲同件。又依例予以文書編號，定名依舊。

（一）

【前缺】

1 □北館等坊，如緑宫□

2 □渠樹木，不関(關)百姓[氐](低)[髙](高)[忒]□

【中缺】

3 □脩車磧中，始得□

【後缺】

72TAM184:1/1

阿斯塔那一八四號墓文書

昔年已刊布本墓所出文書於《吐魯番出土文書》釋文本第八册、圖文本第肆册，今又檢得漏出女尸紙鞋一雙，兩内底亦糊有文書，今作録文予以刊布。

一　唐殘書牘

本墓爲夫妻合葬墓，夫後亡。其紙靴拆出文書十件，有紀年者，最晚爲開元十二年（公元七二四年）俱已刊布。今又檢得昔年漏出女尸紙鞋一雙，出於保護文物，不宜拆洗。故就目力所及，知兩内底皆糊有文書，從筆迹、内容可判定爲一書牘之三殘片。故新予文書編號，分段録文。

（一）【二】

【前缺】

1　言盡順辰□□□□言作氣□

2　不能學他作債，令家内酬還。□

【後缺】

72TAM184:1/2

（二）〔三〕

【前缺】

1 作計欠（？）不必此然（？）□

2 然貼附此䜣（語？）

3 阿舅　阿姨　等。張大兄　阿㛹□

4 等親眷，大者參拜，小者問訊□

【後缺】

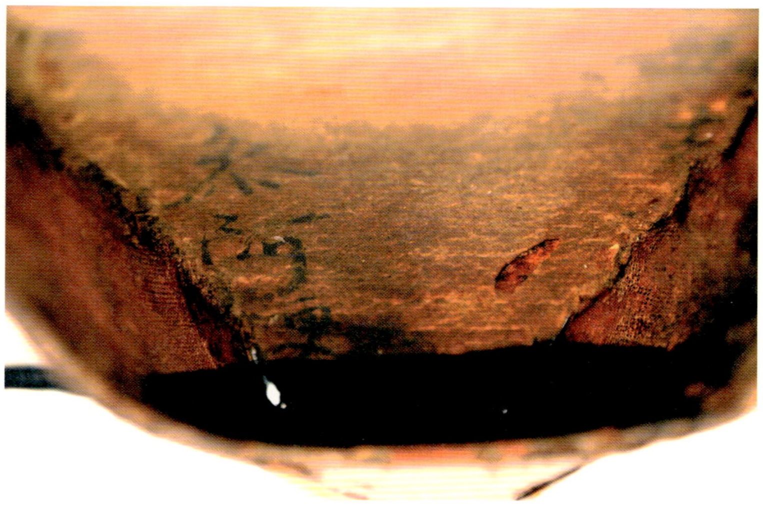

72TAM184:1/3

（三）[三]

【前缺】

1 □敏圵□

2 □參阿更（娒）□

【後缺】

注釋

[一] 此段二行出自女戶左脚鞋內底。

[二] 此段四行出自女戶右脚鞋內底上端。

[三] 此段三行出自女戶右脚鞋內底下端。

73TAM532:11

阿斯塔那五三一號墓文書

《吐魯番出土文書》釋文本第九册第一九八頁及圖文本第肆册第三六六頁均已收本墓唐代文書二件。今從昔時漏出文書中，經整理考訂猶有開元文書一件。

一　唐開元六年（公元七一八年）高昌縣潘寺尼如金訟牒爲因改嫁領官錢帛粟事（草）

本件殘甚，爲兩次書寫同一事於同一面，第二次倒書於第一次書寫牒文之行間，可互爲補充殘損事由，故不作兩件分録。

尼如金訟牒

1 □問□先改嫁前所□物。仰答
2 □共陳
【中缺】
3 □粟
4 □陳
5 壞却玎（理？）㑊厠物□□錢叁仟文。被問依實謹
6 牒
7 開元六年三月　日潘寺尼如金牒—（牒）

1 □□介録事□即
【中缺】
2 □乏
3 衣粮，户役牽挽困重。蓫（遂）即嫁
4 与刖（别？）人。當於介録事邊得錢一文，帛練
5 一疋，粟一石是實。自餘所注雜
6 物，元不領得。陳壞今既無賴，却理
7 錢粟□

72TAM230

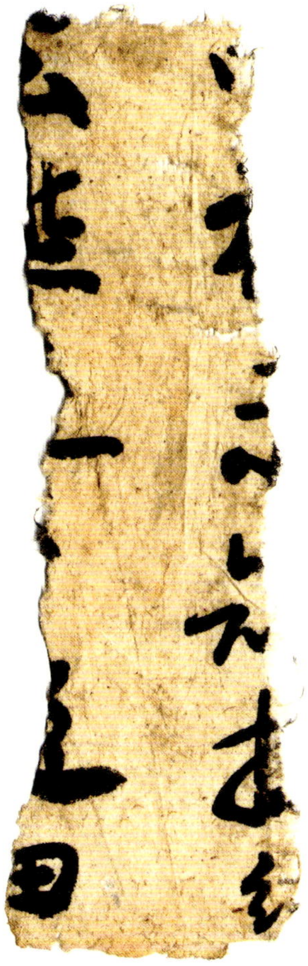

72TAM230

72TAM230

其他雜文書

因過殘，雖作録文，但不收入。望能將同墓所出文書原件取出，與之對比，可能還能作出判定；或作照相，收入本墓之圖文本。

（前缺）

1 □百十六文□

（後缺）

（前缺）

1 □祀□知扣纟□

2 □公些□□□田□

（後缺）

（前缺）

1 □戶曹牠□

（後缺）

73TAM206:054

【前缺】

1 □家□□□

【後缺】

73TAM206:054

【前缺】

1 釒□卩□阝□（鄉？）

【後缺】

73TAM206:054

【前缺】

1 □四月□

2 □福小王隆智□

【後缺】

73TAM206:054

【前缺】

□謹牒□

【後缺】

73TAM206:054

【前缺】

1 □山弘卅一

2 □黄□

【後缺】

73TAM206:054

【前缺】

1 □當鄉□(秋?)火□

【後缺】

73TAM206:054

【前缺】

1 □屈姜□

【後缺】

73TAM206:054

【前缺】

1 谷録□

【後缺】

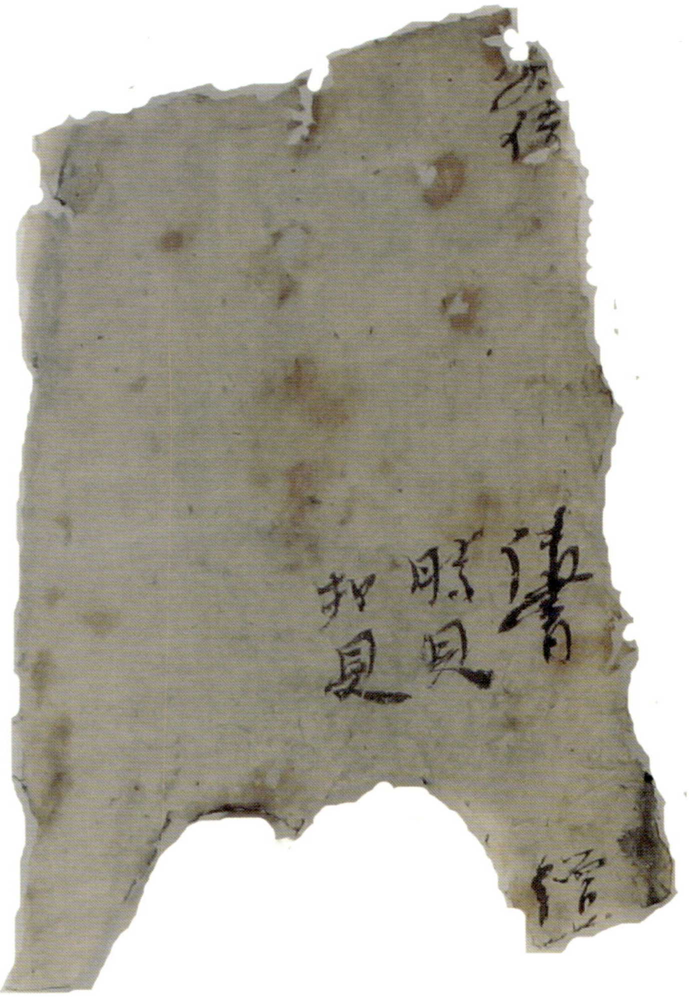

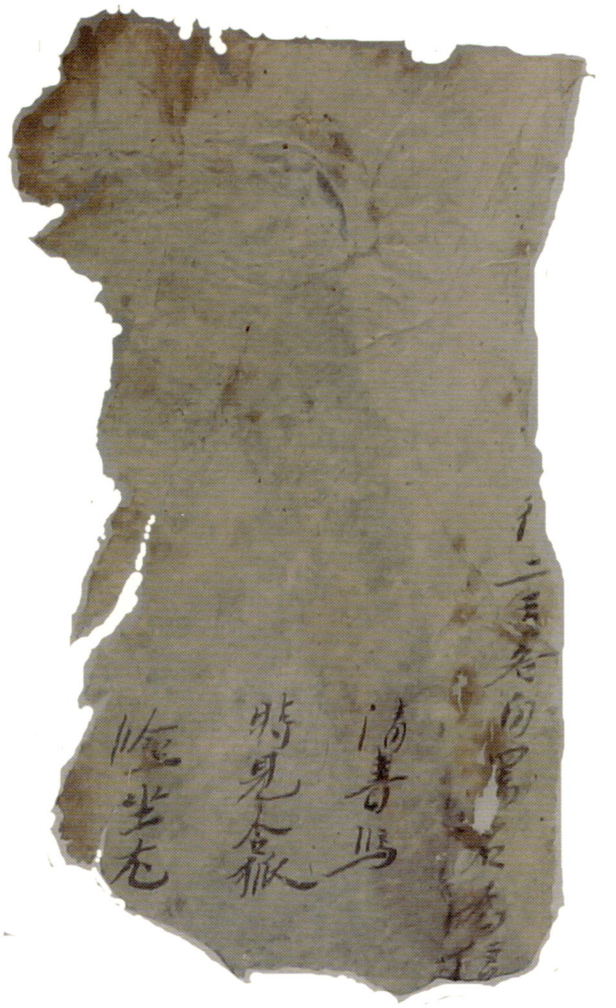

麴氏高昌時期殘契券

【前缺】

1 □爲信

【中缺】

2 倩（請）書　　僧□

3 時見　　□

4 扣見　　□

麴氏高昌時期殘契券

【前缺】

1 □行二主，各自署名爲信。

2 清（請）書馬（馮）

3 時見令狐

4 愠（臨）坐尢（左）

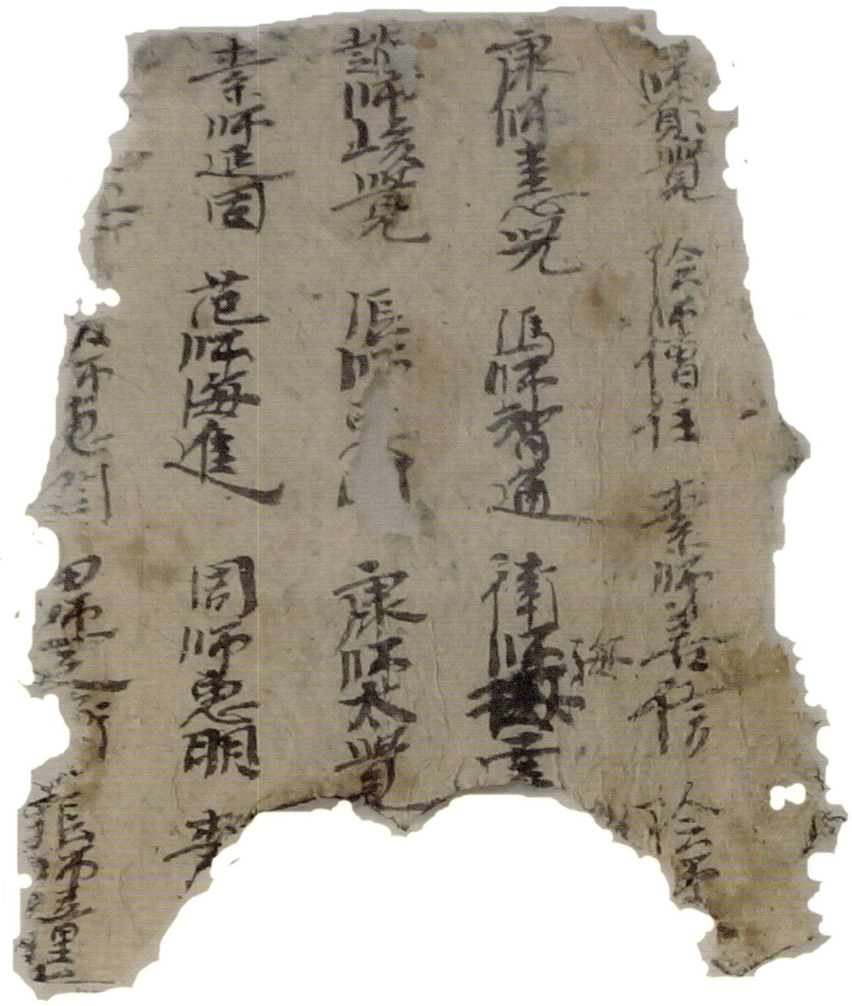

麴氏高昌國僧師名籍

（一）

【前缺】

1 □师彭覺　陰师僧住　𡱝师善信　陰师

2 康师意兒　馬（馮）师智通　衛师海達

3 趙师峻覺　張师□□　康师太覺

4 𡱝师延固　范师海進　周师惠明　𡱝

5 □□□□　□师惠（？）閏　田师定（？）衡（？）　張师童□

【後缺】

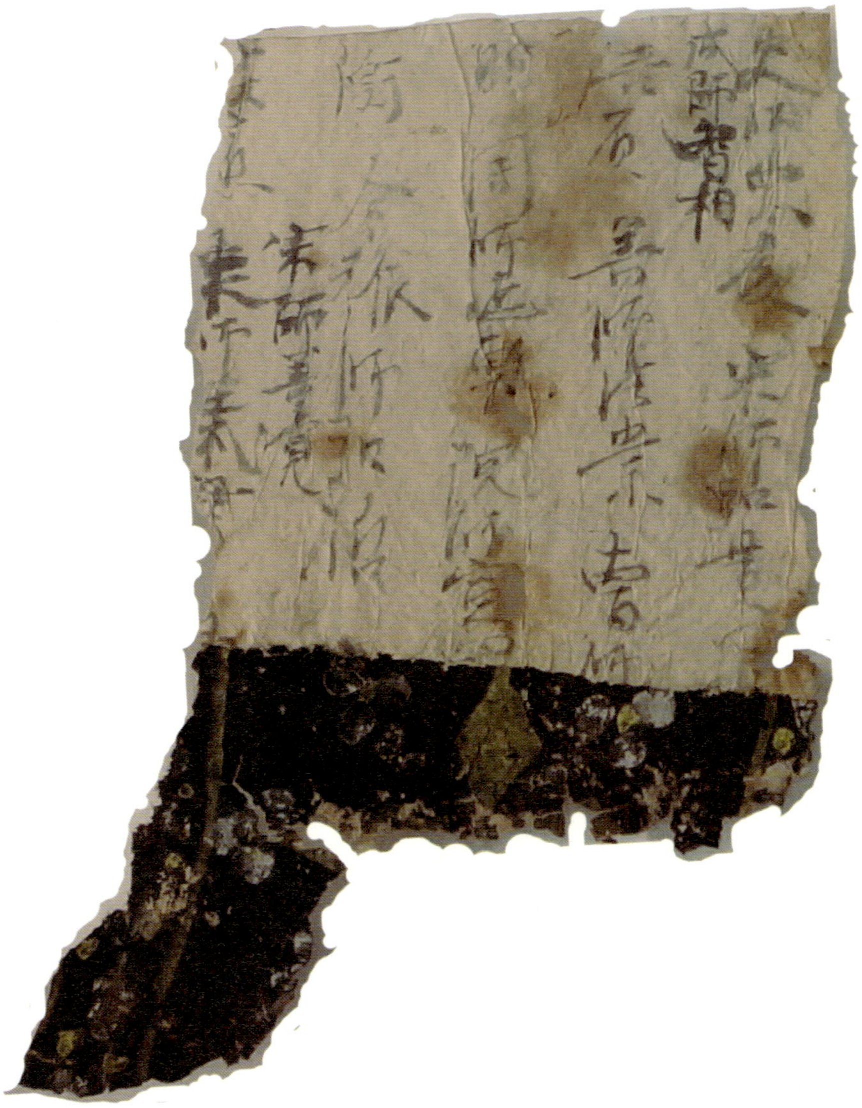

（二）

【前缺】

1 □史师衆慶　米师弘貫□

2 □成師智相

3 □善彭　善师法祟　曺师□□

4 □周师延□　隗师宣嵒

5 □□　令狐师弘哲□

6 □宋师善兒

7 □米师秔（?）□□

【後缺】

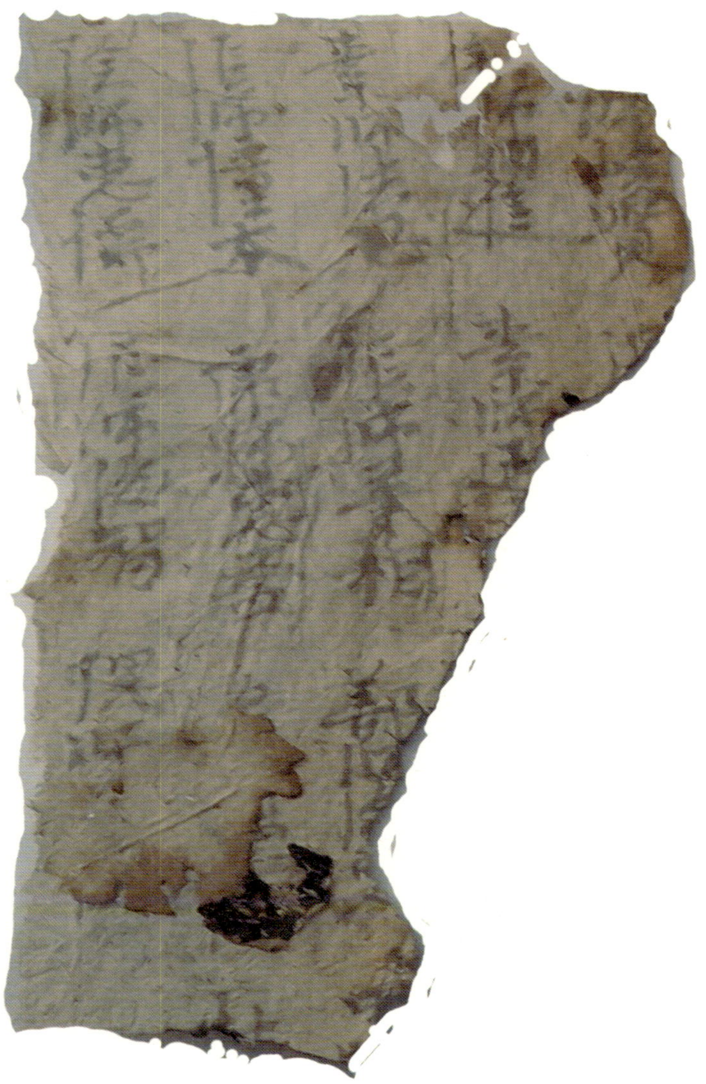

（三）

【前缺】

1 □師峻賢　張

2 徐師明進　索師延□

3 索師法□　張師義相　鄯師亻□□　師

4 張師憧太　康師惠益

5 陰師惠儒　張師海智　隗師□□

【後缺】

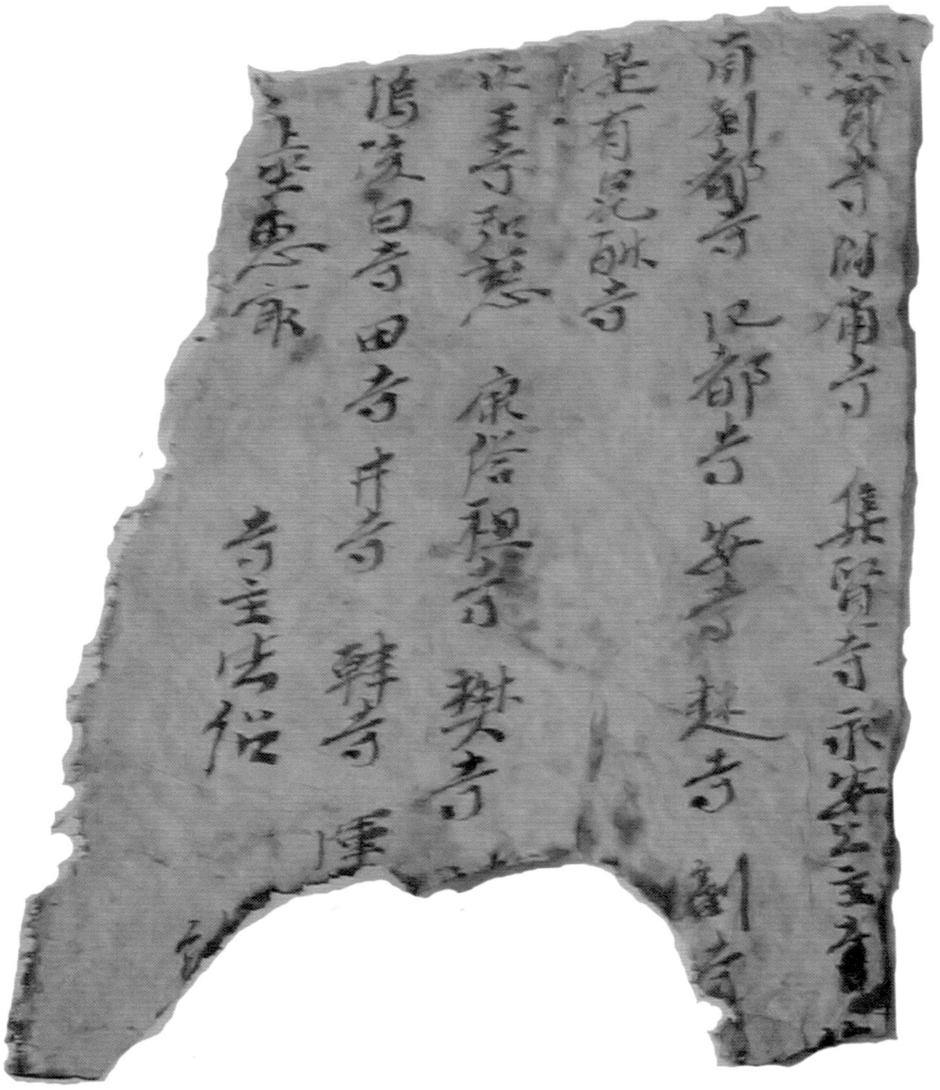

麴氏高昌國寺院三綱上寺名殘疏

【前缺】

1 弘寶寺　附庸寺　永安公主寺□

2 南劉都寺　氾都寺　安寺　麮（麴）寺　劉寺□

3 是有皃䣚寺

4 次王寺弘慈　康俗祖寺　樊寺□

5 塢後白寺　田寺　井寺　韓寺　渾□

6 上坐惠宬　寺主法侣　維□

2 ☐署名☐信☐

3 張☐☐

高昌殘契券

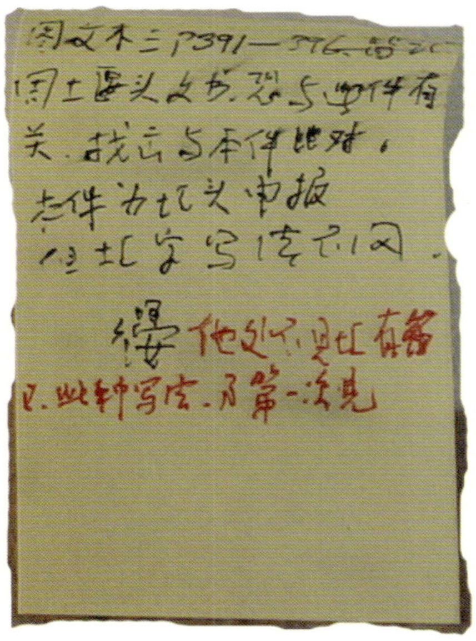

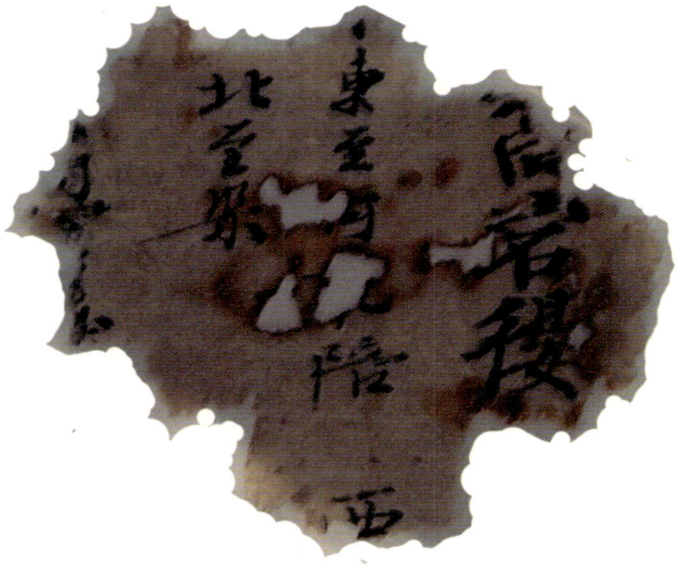

【前缺】

1 ☐高宕傻☐

2 ☐東至河☐陪　西☐

3 ☐北至渠（渠）

4 ☐☐☐☐☐☐

【後缺】

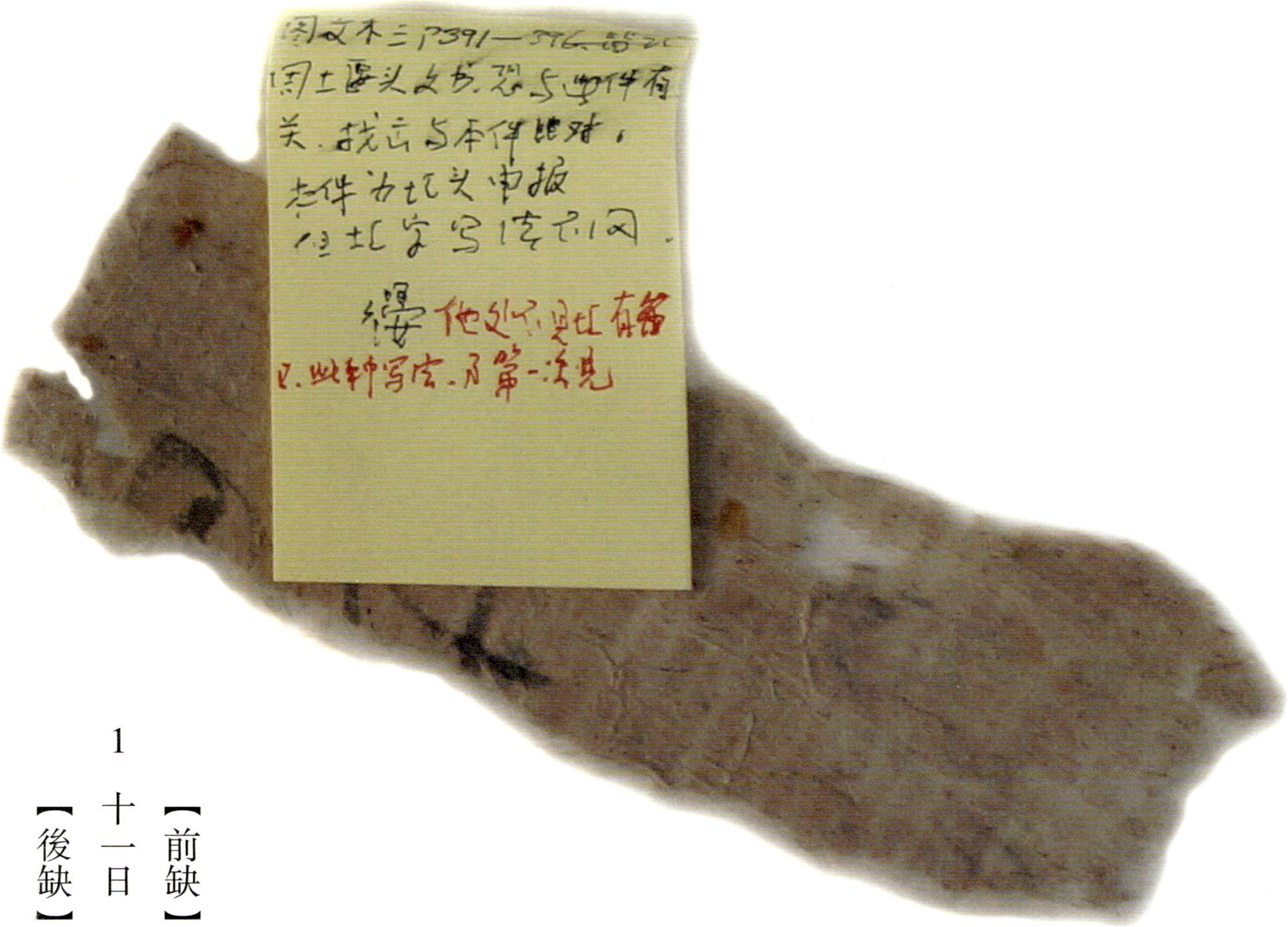

【前缺】

1 十一日

【後缺】

【前缺】

1 ▯佀子▯

2 ▯義□□▯子和二　妙顥▯

3 ▯　唫□▯

【後缺】

【前缺】

1 ［　　］法⿱𥘅口（祭）［　　］

2 ［　　］⿰冢王（塚）□　二［　　］

【後缺】

【前缺】

1 義琭延□ 寶古［　　］□□□□□［　　］

2 □智三道謙二德惠德⿰礻市二玄［　　］

3 ［　　］□［　　］

【後缺】

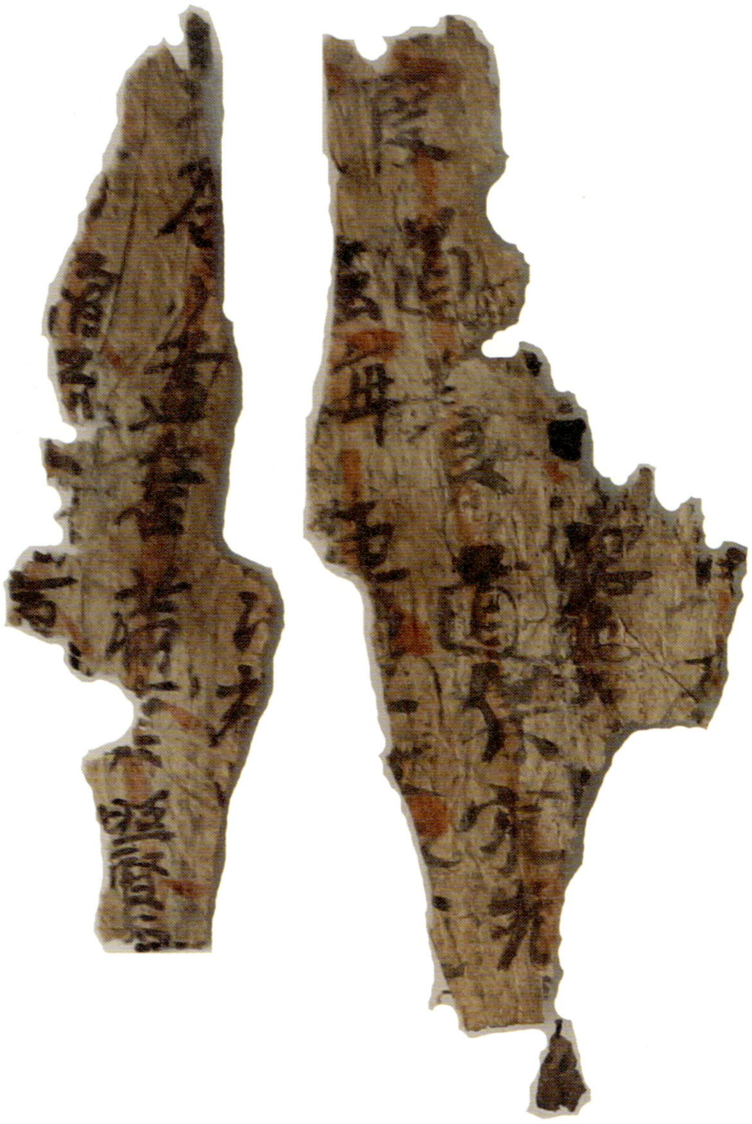

【前缺】
1 □□
2 德□二□
3 度　道養　道集　究光
4 法晦　唓
【後缺】

【前缺】
1 □光□
2 孟容　小孟容滿真　照賢二
3 □僧旒
【後缺】

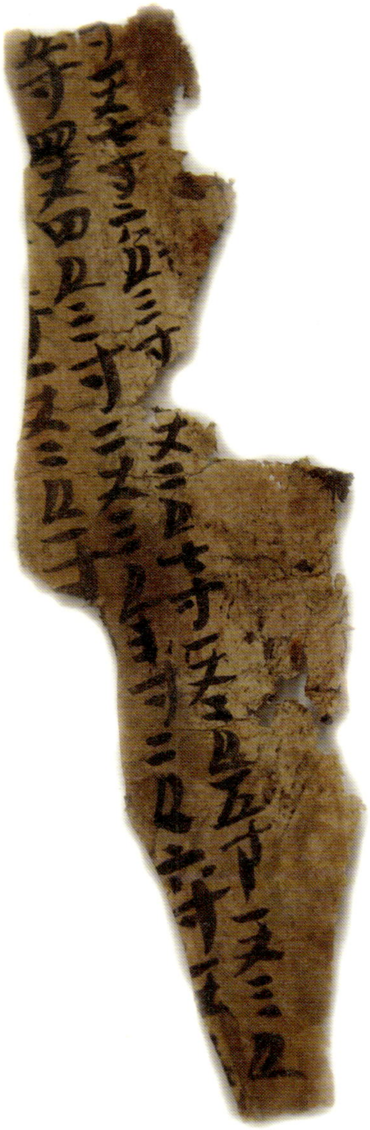

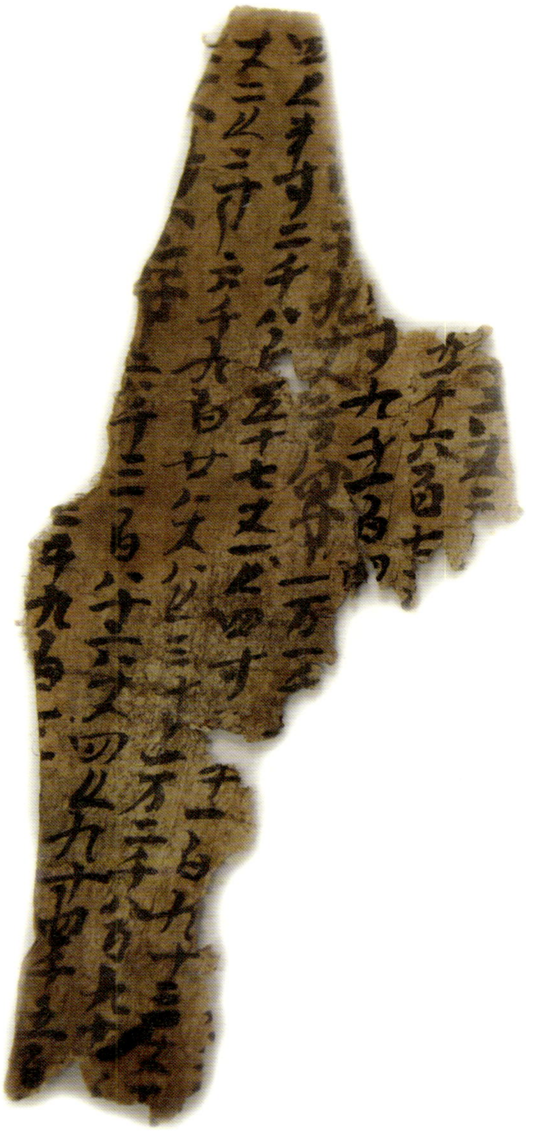

【前缺】

1 寸一丈七寸六尺三寸□丈二尺七寸一丈二尺五寸一丈三尺

2 五寸四丈四尺三寸二丈三尺三寸二尺六寸一丈

3 寸一丈二尺一寸

【後缺】

【前缺】

1 □六丈二

2 五千六百七丈

3 寸九千一百四

4 □一十九丈二尺四寸一万一千

5 四尺半寸二千八百五十七丈一尺四寸□千一百九十三丈□

6 丈二尺二寸六千九百廿八丈八尺三寸一万二千八百九十□

7 □□□尺六寸六千三百八十六丈四尺九寸四千五百

8 □千九百□□

【後缺】

【前缺】

1 大食沿□

僧渕

2 取僧 賓 畳六匹廿一尺

3 六丈三尺八寸五(?)千四百一十三丈六□

4 寸 □六丈(?)

【後缺】

【前缺】

1 三

2 卅二万四□[一]

3 一百一十

【後缺】

注釋

【一】朱書。

【前缺】

1 六

2 □八

3 六十

【後缺】

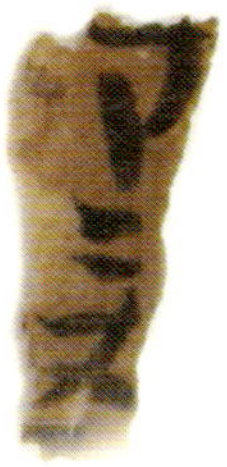

【前缺】

1 ［　　］寸二丈［　　］

【後缺】

【前缺】

1 ［　　］寸二万

2 ［　　］六寸

【後缺】

【前缺】

1 ［　　］□四□［　　］

2 ［　　］□六□［　　］

3 ［　　］尺九□［　　］

4 ［　　］□七尺□［　　］

【後缺】

殘文書

（一）

1 □□□
2 □尺□□
3 □丈一□□
4 □二丈□□

（二）

【前缺】

1 □三十□

【後缺】

（三）

【前缺】

1 □万□

【後缺】

（四）

【前缺】

1 □七尺□

2 □丈□尺四□

【後缺】

（五）

【前缺】

1 □日七□

【後缺】

手稿

阿斯塔那二〇〇六年六〇五号墓文书

阿斯塔那六〇五号墓文書

本墓爲男女合葬墓，經盜擾，出前涼衣物疏一件，又出五銖銅錢二枚。

一　前涼咸安五年（公元三七七年）隗田英隨葬衣物疏（三）

疏（二）

1 故絳結髮二枚　故紫結髮一枚　故鏡粉絮自副　故紫襦一領

2 故絳緋結髮二枚　故懷（褢）袼（袖）白縺囊二枚　餅自副

3 故紺綪結髮一枚　故白縺（練）小褌一立

4 故紺綪結末一枚（三）　故白縺大褌一立

5 故銀叉（釵）四枚　故緋袴一立

6 故疏（梳）一枚　故白縺單帬（裙）一立

7 故蒲耳真珠二枚　故緋碧帬一立

8 故珊瑚二枚　故絓袜一具

9 故虎珁（魄）一枚　故五色絲鞮（履）一兩

10 故銀釧一具　故（帛）白縺手抓囊一枚

11 故銀環（環）三指　故白縺脚抓囊一枚

12 故綠覆面二枚　故平絓二丈五綿自副　故黃金十斤

13 故紺綪尖二枚　故兔豪（毫）百束

14 故綠絲審（枕）一枚　故雜色百匹（疋）

15 故緤衫一領　故綿廿斤

16 故白縺衫一領　[故]手糸一兩

17 [故]錦兩當一領　故同（銅）錢二枚

18 故蹹臼囊一枚

19 [故][緤]被一領

20 [故]麁（粗）細鍼糸綿縷自副（三）

21 咸安五年三月十八日、大女暮□士隗田英（四）[薄][命][早]終[唯][信]（謹）（條）

時隨身物數，人不得

□□黃金千兩[塗][地]□

22 莫（冒）名。若莫[名]時知見左（左）清（青）龍，各（右）白虎，[前]□[雀][後][玄]□

23 □純

〔後殘〕

06TAM605:22

注釋

（二）咸安五年：按《晉書》前涼諸王自張寔至張天錫皆有年號，但出土文書所見前涼或奉行西晉或奉行東晉年號。咸安本東晉簡文帝即位（[illegible]）改元咸安（三七一），行用二年。子即位，是為孝武帝，改元寧康（三七三—三七五）。吐魯番出土文書見有咸安三年寫本《法句經》，《唐開元釋教錄》中見有咸安六年記載。知前涼行用東晉簡文帝年號，但因道遠，中間又隔絕前秦，故不悉東晉皇帝易位改元，依舊行用咸安，直至亡於前秦。

（三）「結」「末」二字間書「L」，乃倒勾號。

（三）下欄18、19、20三行諸物本皆在17行下欄，因書寫衣物疏者抄寫下欄時並未照顧上欄行距，故上欄十七行，下欄則多至二十行，今錄文為照顧釋文及引用者方便，故作此種錄文分行。

（四）此處有殘損，更因書寫有訛脫倒誤之處，似不可解。

今以此与吐魯番地區文物局發掘之[illegible]號文

書》《𦵏鍾妻令狐阿婢隨葬衣物疏》等比對應是「𦵏□士妻大女隗田英」。

阿斯塔那二〇〇六年六〇三號墓文書

阿斯塔那六〇三號墓

本墓遭盜擾，為一男二女合葬。所出除陶、木及織綿筆外，僅木牘一件。

一 前涼木牘

1 柒桂一枚

2 緋二丈

3 紵五

06TAM603:7

注釋

（一）據發掘簡報，此件木牘原稱木簡，長方形，兩側各有兩個小圓孔，其中三個孔內殘留木釘，推測應為隨葬品的標簽牌。觀其書法頗有隸意。又據發掘簡報，該墓與06TAM607墓相近，兩墓出土陶、木器及木雕、織錦都非常相似。又後墓出前涼咸安五年衣物疏，故此件姑作前涼時物。

阿斯塔那五一九号墓文书

阿斯塔那五一九號墓文書

《吐魯番出土文書》釋文本第四冊第一二三頁及圖文本第貳冊第七一頁均已收本墓文書二件，皆麴氏高昌時。今從昔時漏出文書中，經整理考訂，為高昌延壽九年（公元六三二年）文書四件，唐代文書三件。

一　高昌延壽九年（公元六三二年）閏八月侍講馬太岳等傳用剌薪車數奏

本件紀年殘剩「壬辰歲閏八月」。又見五〇七號墓文書內一至一五件均只剩干支紀年，整理者考為延壽六、七、八、九、十一、十四、十五年。中第九件作「壬辰歲閏八月」，與本件紀年干支及月份相吻合。據之本件考訂作延壽九年。

1 □侍講馬太岳虎牙將軍□□懷武人傳用西北坊張
　延懷□
2 □張善海　高懷儒　左海智　闞□延　毛家
　兒　汜阿月子　張明俊？□
3 □高六延　孟武歡　麴海悅□善伯　高歡岳
　陰歡護　侯□
4 □石意　索明落　孟仕斌　汜阿海□闞真曲
　劉婆門　趙歡相　張□
5 □安　劉阿尊　宋虎兒　隗在天　酉□拾捌

車付索善仕、韓相歡貳［　］

都合用刺薪叁拾捌車

［　］列用刺薪車數，列別如右，記識奏諾奉　　　行。

門　下　校　郎　　臣司空　　□□

行門下事殿中將軍臣［　］

行門下事［　］

［　］壬辰歲閏八月十五日民部

鷹(楊)揚將軍兼民部事臣麴　　　□□

民　部　參軍臣索　　　□□

民　部　吏臣左　　　□□

□　部　吏臣左　　　□□

二　高昌延壽九年（公元六三二年）某月十五日侍講馬太岳等傳用西北坊刺薪奏

本件斷代參見上件題解。

［　］講馬太岳虎牙將軍張延懷□□傳用西北坊高歡

住刺薪壹［　］

［　］汜文伯　康園兒　劉善伯　鞏兒子　石子達

令狐居舉　田臰(臭)奴　趙［　］

3 累雄　氾海□□海智　白相祐晃　張海□

〔中缺〕

4 都合用刺薪叁拾肆車

5 □列用刺薪車數，列別如右記識奏諸奉□

6 門下校郎　臣　司空□□

7 行門下□殿中將軍臣高□□

8 行門下□侍郎　臣高□□

9 □年壬辰歲□十五日民部□

10 鷹陽（揚）□□□民部事臣麹□□

11 民□□軍臣索□□

12 民□吏臣左□□

13 民□吏臣左□□

三　高昌延壽九年（公元六三二年）某月十九日侍講馬太岳等傳用刺薪奏

本件斷代參見前二件

1 □月十六日侍講馬太岳、虎牙將軍張延懷□用

西北坊隗阿得子刺薪壹車□

2 □呂胡晃　馮阿相子　良祐伯　曹祐相　石子達

□張喜伯　肯（曹）海晃　成伯延　何相憙　孫□

3　□何(祖?)祐兒　闞元保右拾伍車付主簿張隆海□
崇二人供大厨下用。
4　都合□□薪拾伍車
5　□條列用剌薪車數，列別如右，□識奏諸奉　　行
6　行門下事□遠將軍臣麹　　　　　歡岳
7　通事　令　史臣辛　　　　孟護
8　通□　令　史臣史　　　　歡隆
9　□年壬辰歲□十九日民部　　　　奏
10　□民部事臣麹　　　　　　世緯?
11　□事臣索　　　　　　　　□□

〔後殘〕

73TAM519:31/1-4，2-1

四　高昌延壽（公元六二四——六四〇年）某年某月一日侍講馬太岳等傳用西北坊四月劑刺薪奏

本件紀年殘，亦無干支月份可尋。但與前三件相比對，從書法、內容及官員名皆同，故亦定名為「奏」，置於前三件後。

1 □□□一日侍講馬太岳、虎牙將軍張延懷貳□□用西北

坊四月劉張祐相刺薪□□□

2 □□仏畣妻（佛）（圖） 左養胡 孟歡岳 張住海 張石兒

□願兒 令狐海恍（悦） 闞海住 闞元保□□□

3 □□曹思相 王張孫 麴岳子 鞏歡憧 侯延□

□海祐 任懷願 馮阿相子 馬相懷 高□□□

4 □□真圓 宋懷兒 氾明亮 令狐歡子 右貳拾□

□付索善伏供大廚下用。次傳孟□□□

5 □□薪壹車，付索善伏供大廚下用。次二日侍□□□□

虎牙將軍張延懷貳人傳□□

6 □□壹車，范相保壹車，右貳車付明相□□

7 □□薪壹車，史仏（佛）住壹車，趙相□□

8 □□萄□□

〔後缺〕

五 唐貞觀廿三年（公元六四九年）傔信、索住歡從張

苻衛邊買馬契

1 □觀廿三年□□□張苻衛□

2 傔信、索住歡二人買□□□馬壹疋□□即

3 日文（交）用水練伍疋，傔信出練貳分，住歡出

4 練壹分。若右（有）人呵（訶）道（盜）忍（認）馬者，仰張自當。索

5　□[知]兩和立可，獲指□信。〔一〕□□□

6　□□□丨丨丨

7　□□□丨丨□

8　知見〔二〕□□□

9　知見馮伏官

73TAM519:31/5

注釋

〔一〕「信」及後兩行指節紋墨色較淡，與前文淡墨有別，且為一單獨殘片，原混入73TAM519:31/4（某甲雇張善□契）中，與該文書明顯不合，今暫附於此。

〔二〕兩行知見人爲單獨殘片，與前文之間是否還有缺行未知。從有兩名買馬人看，應有缺行。

六　唐麟德元年（公元六六四年）某人雇張信光處契

1　□[德][元]年十二月廿伍□□□

2　□銀錢肆伍〔一〕文，[雇]□□□

3　□□[兩]个六十日。其[錢]□□□

4　□□□文，到正□□□

□□□到冬月與錢十伍文

5　□□□高昌之日[還]□□□[文]，若有不（逋）留官，

6　□□□[光][自][當]張信悉不知。先有悔

7　□□□貳人不悔人。張信、光處兩个

8　□□□[光]作，來不相見，光處不來。若

9　□□□伍文入光。八月五日與

10 □二月□

〔後缺〕

注釋

〔二〕據後文「叁月与錢十伍文」，總價不當僅肆五文，「肆」下當奪一「拾」字。

73TAM519:31/3

七 唐袁歡慶雇張善□用上州槽事契〔一〕

1 □馬袁歡慶交用錢□

2 □用州槽上壹次十五□

3 □歡慶不□

4 立契□番遠使者，日別十□

5 廿三日更不出錢者□

6 □□袁

7 受雇人張善□

8 知見人□

9 知見人□

〔後殘〕

注釋

〔一〕本件紀年殘，但見記有「用州槽上壹次十五」句。舊出文書中如雇人上烽一次皆十五日，屬唐之雜徭類。又「用州槽」名亦見於舊出五〇六號墓俗謂天寶馬料帳文書中，故定本件為唐代。

73TAM519:31/4

阿斯塔那二〇〇六年六〇一号墓文书

阿斯塔那六〇一號墓文書

本墓為夫妻合葬，夫先亡。無墓誌及隨葬衣物疏。兩人紙鞋中均拆出有文書。女尸紙鞋中拆出兩件文書，紀年分別為高昌延壽十五年（公元六三八年）、唐永徽五年（公元六五四年）。男尸紙鞋拆出文書五件，多殘缺紀年。

一　高昌延壽十五年（公元六三八年）羈人袁𧈫子上啓為乞入老免役事

1 臣[ ]

2 役驅馳，不[ ]

3 聖顏，悕乞入老，伏願垂許，謹言。（丐）

4 延壽十五年戊戌歲二月二日羈（羈）人

臣袁𧈫子上啓

5 聽入老

6 威遠將軍門下校郎臣麴仕瑞　傳

7 傳

〔後殘〕

二　唐永徽五年（公元六五四年）高昌縣范堛〻夏田契（二）

06TAM601:24/2—2

1 永徽[ ]從武城鄉

2 人張臭（臭）堛（堛）邊[ ]渠上麥田肆畝，次

3 夏索柱歡肆畝。二人囿要逕（經）伍用種。初六年中

4 壹年，即日交与夏價小麥肆斛（斛）。二人殘肆年

5 □二人与夏價小麥肆斛。年到七月□□
6 □□使净好，依高昌小斗中取。(斛)若不净□□□
7 □過其月不上，过一月一斗上□
8 □渠破水讁，仰(仰)耕(耕)田人(三)□
9 □破，随(隨)大匕(比)例(例)。列三主，合同立□
10 □悔者出絁練貳疋入不悔□
11 □相和立契，獲(畫)指為記。
12 夏田人范一塠一?一
13 田主張一覓一塠一
14 田主索一柱一歡一

15 知見人趙一智一歡一
16 □□□辛海隆

06TAM601:24/2—1

注釋

〔一〕本件1行「永徽」下缺，未知云何年立契，但3行記「初六年中壹年即日交与夏價小麥」，故推知當於頭年立契，即是永徽五年。本件背部亦經再次書寫，因後剪作葬具，此面全部塗墨，除個別字外，餘皆不可辨，并使本件字迹多有難辨之處。

〔二〕此處「人」下數字因背部塗墨滲過不清，雖依出土租佃契約中佃人所應承責任可推論為何字，但為慎重起見，不強作釋文。

三 唐范某賣牛與張某殘契

〔前缺〕

1 □頭与張(張)□
2 □付主□
3 □后(後)若□盗□仰范明?□

4 □□□[錢]陵（陸）[文]□□□

（後缺）

06TAM601:24/3

注釋

〔一〕本件殘甚，不知買賣何物。見此「頭」，知非馬，或系牛驢。今姑斷作牛。

四　唐田某僱人契

（前缺）

1 □□□[已]？來□□

2 □□□[還]□□

3 □□□田悉[不]□□

4 [田]与雇□□□与□

5 □□□[頭]上□□得返□

6 □□□各自署名為信□

（中缺）

7 □□[知]□

8 知見人[王]善[歡]

06TAM601:24/6

五　唐某官牧殘牛簿〔一〕

（一）

（前缺）

1 □□□[家]□□□

2 □□□[三][歲]□□□伏？家□□□

3 □□□[犢]二歲伯[犢]□□□伯家□□□

4 黃草[犢]□[歲]

5 [生]

6 [歲]

〔後缺〕

06TAM601:24/4—2

（二）

〔前缺〕

1 [草壹]？

2 [仁]□[三]

3 仁烏草牛□頭吉

〔本件因污染不清，不強作釋文〕

〔後缺〕

06TAM601:24/4—1

（三）

〔前缺〕

1 [草牛]

〔後缺〕

06TAM601:24/4—3

注釋

〔一〕本件殘剩多片，復遭污染，頗難辨識。今勉為釋文，並據內容、筆迹，斷為一件。然因過殘，其先後順序，莫能判訂，今姑分作三段。又本件雖殘，僅就所見牛畜數不少，絕非私家所能有。故疑是某官牧所有，姑依此訂名。

六　唐龍子殘書牘（一）

1　龍子身□□□

2　□阿郎□

3　□□龍子為身事此早經兩

4　□省訖，未蒙報下。願□

5　□□復陳憏（牒）請申省勘當□

6　報以龍子即日立取？□

7　得返正，早欲還鄉□

8　傍？□不少，驛使來次□□

9　兵部當來驗使，怠速更

10　□多語，千万𤥭重再

〔本行因汙染不清〕

06TAM601：24/1

注釋

（一）因本件多處剪損，復因另面塗墨浸及此面，故有數處不可辨識。又本件無紀年，今見第5行「牒」字寫作「𤗈」，避唐太宗李世民諱，知必在唐太宗卒後。

七　唐殘牘

〔前缺〕

1　□狼嘆□

2　□早仰□

3　□至出乙□

4 [缺]文?□疊素[缺]

5 牛?[下殘]

[後殘]

06TAM60/1:24/5

阿斯塔那一六九号墓文书

此纸文书应与后列佈件后件比对或可拼合。

一 高昌殘文書 [三]

(二)

[前缺]

1 [缺]女公主著[缺]

[後缺]

(三)

[前缺]

1 [缺]紫絁褶[缺]

2 [缺]可?孖?[缺]

3 [缺]菻(蒜)[缺]

[後缺]

（三）

前缺

1 [　　]疊一疋住[　　]

2 [　　]石皮一疋？僂？[　　]

3 [　　]絖？绎？[　　]

4 [　　]次明人[　　]

5 [　　]三千文買頭？[　　]

6 [　　]寒使[　　]

後缺

注釋

〔一〕本件剩三殘片，字有不可辨者。背面用作書寫僧尼財物疏，故此件置為本墓首件。

二　高昌僧法寶等僧尼財物疏

本件為昔年漏出文書碎片。經內容、格式、筆跡、朱筆點劃，考訂為昔年刊佈之吐魯番文書之釋文本第二冊，圖文本第壹冊之六高昌僧僧義等僧尼財物疏乙之漏出部份。今整理者今別予以文書編號，錄文列後。唯昔年訂名欠妥，今姑依舊。

（一）

前缺

1 [　　]法[　　]

2 [　　]耀　法寶[　　]

3 [　　]道[　　]

後缺

72TAM169:29/

（二）

前缺

1 [ ]道[ ]

2 [ ]寶[ ]

後缺

（三）

前缺

1 [ ]八十丈[ ]

後缺

72TAM169:29/8(a)

（四）

前缺

七人入一丈一尺〔一〕[ ]

1 [ ]保小食 義[ ]

後缺

注釋

72TAM169:29/9(a)

〔一〕夾行字「七人入一丈一尺」為朱書。

（一三）

前缺

1 弘羅？

2 二孝惠？

後缺

72TAM169:29/10(a)

（一四）

前缺

1 尼

2 恩　林光

3 定惠

後缺

72TAM169:29/11(a)

（一五）

前缺

1 平尊

2 道寶　惠佳

3 欽真　玄欽

4 浄因

後缺

72TAM169:29/12(a)

（一八）

〔前缺〕

1 ［　　　］仙□　義元　道［　　　］

2 ［　　　］□文義　智元？［　　　］

3 ［　　　］闍　僧崇［　　　］

4 ［　　　］叹　僧［　　　］

〔後缺〕

72TAM169：29/13(a)

（一九）

〔前缺〕

1 ［　　　］德［　　　］

2 ［　　　］道蘑？

3 ［　　　］明順　曇林［　　　］

4 ［　　　］定　法救　玄？

5 ［　　　］法顯　道顯二［　　　］

6 ［　　　］道忠二　文仲　性□？［　　　］

〔後缺〕

72TAM169：29/14(a)

（一〇）

［前缺］

1 ［　　］取［　　］

［後缺］

72TAM169:29/15(a)

（一一）

［前缺］

1 ［　　］達安［　　］

［後缺］

72TAM169:29/16(a)

（一二）

［前缺］

1 ［　　］車［　　］

［後缺］

72TAM169:29/17(a)

（一三）

［前缺］

1 ［　　］元［　　］

［後缺］

72TAM169:29/18(a)

（二四）

前缺

1 □□□伯□□

後缺

72TAM169：29/19(a)

（二五）

前缺

1 □□□昌□□

後缺

72TAM169：29/20(a)

（二四）六

前缺

1 □□□寸四尺半□□

2 □□□丈五尺半□□

後缺

72TAM169：29/21(a)

（二五）七

前缺

1 □□□進昌□□

後缺

72TAM169：29/22(a)

（二八）

〔前缺〕

1 □惠□

〔後缺〕

72TAM169:29/23(a)

（二九）

〔前缺〕

1 □光訓□

□疋余一丈四[一]□

2 □百一十三文□

〔後缺〕

72TAM169:29/24(a)

注釋

[一]「疋余一丈四」爲朱書。

（三〇）

〔前缺〕

1 □收□

〔後缺〕

72TAM169:29/25(a)

（二一）

前缺

1 □□羽忠小合□□

後缺

72TAM169:29/26(a)

（二二）

前缺

1 □□字林入□□

後缺

72TAM169:29/27(a)

（二三）

前缺

1 □□僧惠□□

2 □□德耀□□

後缺

72TAM169:29/28(a)

（二四）

前缺

1 □□惠□□

2 □□和□□

後缺

72TAM169:29/29(a)

（三五）

前缺

1 法弘

後缺

72TAM169:29/30(a)

（三四）

前缺

1 演

後缺

72TAM169:29/31(a)

〔四〕此鄉爲柳中縣下屬鄉。

三　高昌僧僧渊等僧尼財物疏

本件爲昔年漏出文書碎片。經内容、格式、筆跡及未書尺寸，及"渊"字寫法，考訂爲昔年刊佈於吐魯番文書》釋文本第二册、圖文本第壹册所出於高昌僧智副等僧尼財物疏》之漏出部份。今整理者分别予以文書編號，歸入刊佈，訂名依舊。

（四）

[前缺]

1 [　]綿一斤疊一尺[　]

2 [　][三]文　法[填]

3 [　][　]人　[書][　]

[後缺]

72TAM169:29/1(b)

（五）

[前缺]

1 [　]曹綿八[兩][　]

2 [　][呂]師綿一[　]

3 [　]陈（師）綿八兩疊二尺[　]

4 [　][　][陈][綿]八兩[疊]二叉（尺）

[後缺]

72TAM169:29/2(b)

（~~六~~三）

〔前缺〕

1 [ ]一[ ]

〔後缺〕

72TAM169:29/3(b)

（~~七~~四）

〔前缺〕

1 [ ]一尺疊二[尺][ ]

〔後缺〕

72TAM169:29/4(b)

（~~八~~五）

〔前缺〕

1 [ ][孫]陌疊四尺[次][ ]

2 [ ]英(莫?)疊四尺

合入[七]〔二〕

3 [ ]疊二尺 曹陌[ ]

4 [ ]紀陌疊二尺[ ]

5 [ ]一(?)乃(?)陌疊二尺

合入九〔三〕

6 [ ][疊]十尺[ ][ ][ ][ ]

〔後缺〕

72TAM169:29/5(b)

注釋

〔二〕〔三〕兩行朱書。

（三六）

副錄

1 □□□疊十五丈六尺□□□

2 □□□[三]丈[六]尺□五尺□□□

後錄

72TAM169:29/6(b)

（三七）

副錄

1 □□□[丈]四尺半寸□□□

2 □□□尺一寸□□□

後錄

72TAM169:29/7(b)

（三八）

副錄

1 □□□四寸一[丈]□尺□□□

2 □□□九一八七〔一〕□□□

3 □□□僧[渫]□□□

4 □□□良莊珠□□□

後錄

72TAM169:29/8(b)

注釋

〔一〕「九一八七」爲朱書。

（三八）

前缺

1 尺半寸一丈九尺九寸四尺半

2 四丈一尺半寸四尺

後缺

72TAM169：29/9(b)

（三九）

1 □肆十丈二

2 尺八寸四尺一

後缺

72TAM169：29/10(b)

（四〇）

前缺

1 三丈

2 六寸七尺八寸三尺

尺?四寸〔二〕

3 三尺九寸五

4 法起?以〔三〕

後缺

72TAM169：29/11(b)

注釋

〔二〕「尺四寸」三字朱書。

〔三〕該行三字墨色較淡，可能也是天行批注。

（四二）

1 [ ]容尖冠褶[ ]

2 [ ]尺一寸一丈[ ]

〔後缺〕

72TAM169:29/12(6)

（四三）

〔前缺〕

1 [ ]四尺半寸[ ]尺[ ]

2 [ ]尺九寸一丈五尺半寸一丈[ ]

3 [ ]尺九寸〔二〕参十一丈

4 [ ]十二丈四尺一寸僧□〔三〕[ ]

72TAM169:29/13(6)

注釋

〔二〕「尺九寸」三字爲朱筆。

〔三〕「僧□」二字墨筆塗抹過。

（四三）

〔前缺〕

1 [ ]寸四[ ]

2 [ ]九寸[ ]

3 [ ]嚴足[ ]

4 □□良倫畱施麥七丈一尺□□

5 □□八尺八寸九尺三寸一尺一寸□□

6 □□寸五尺一尺五寸一丈一尺□□

7 □□三丈五尺一寸一丈一丈五□□

後缺

72TAM169:29/14(b)

(四四)

前缺

1 □□尺二十一丈

後缺

72TAM169:29/15(b)

(四五)

前缺

1 □□羅喝□□

後缺

72TAM169:29/16(b)

(四六)

前缺

1 □□九尺九寸□□

後缺

72TAM169:29/

（四七）

前缺

1 龍

後缺

阿斯塔那一七〇號墓文書

此批文書應與已刊佈件原件對比或可拼合。

一　高昌僧智西等僧尼得施財物疏

本件為當年漏出文書殘片。經內容、格式、筆跡、未筆點劃，知為當年刊佈之吐魯番文書之釋文本第二冊，圖文本第壹冊之《高昌僧義遷等僧尼得施財物疏》之漏出部份。今整理者分別予以文書編號，歸入刊佈。訂名依舊。

（一）

前缺

1 智西　　䓁[illegible]達　　仁

2 孝周　　惠瑛　　惠嵩　　宕

3 法定　　衆養

後缺

72TAM170:29/1(a)

（二）

［前缺］

1　□□□初　宣法□□□

2　□□□勇　建道　普□□□

3　□□□道初　法利　教德□□□

4　□□□紫德　妙運　安道□□□

5　□□□德照　惠軒二　入道□□□

6　□□□曇入　戒倫　沖真二□□□

7　□□□元　德雅　法□□□□

［後缺］

72TAM170：29/2（a）

（三）

［前缺］

1　□□□施　尼願度（慶？）□□□

［後缺］

72TAM170：29/3（a）

（四）

［前缺］

1　□□□智容　願□□□

2　□□□玄勝　智□□□

3　□□□宗二　妙真

72TAM170：29/4（a）

4　[惠]賢　普[顏]

5　僧順　惠林　三

6　[果]?[親]　義[顯]

［後缺］

72TAM170:29/4(a)

（五）

［前缺］

1　[瓊][容]

2　[天]二　思[惠]

［後缺］

72TAM170:29/5(a)

（六）

［前缺］

1　僧[淵]（渊）

2　小[道]

［後缺］

72TAM170:29/6(a)

（七）

［前缺］

1　五

2　[足]?

［後缺］

72TAM170:29/7(a)

（八）

［前缺］

1 □□□惠嵩□鳥□□□

［後缺］

72TAM170:29/8(a)

（九）

［前缺］

1 □□□□建□□□

2 □□□欽?□道偉□□□

3 □□□立云□□□

［後缺］

72TAM170:29/9(a)

（一〇）

［前缺］

1 □□□禮□□□

［後缺］

72TAM170:29/10(a)

二　高昌僧道嵩等僧尼得施財物疏

本件（為當年兩出文書拼片）書於前件另面。經內容、格式、筆跡、朱書，考訂為當年刊佈之吐魯番文書之釋文本第二冊、圖文本第一冊之《高昌僧僧明等僧尼得施財物疏》之之漏出部份。今整理者分別予以文書編號，錄文刊佈。

（一）

〔前缺〕

1 □一千五百五十丈□

2 □千一百八十五丈一尺八寸二千四□

3 □九百卌一丈八尺五寸七百九[十]二丈□

〔一〕

4 □百丈得□□數六万八千四百卌九□

5 □万四千丈□道嵩七万二千丈余六十四〔二〕□

6 □救（數？）三万九千三百九十七□

7 □丈□酉願五万七千二□

〔後缺〕

72TAM170:29/1(b)

注釋

〔一〕3行与4行間夹一行朱書文字，字迹太淡，僅可辨「万」「千」「丈」數字。

〔二〕「余六十四」為朱書。

（二）

〔前缺〕

1 □三万丈取張壁（壁）〔一〕□中□〔二〕

2 □五十八丈七尺五寸弱一万五千九百□

3 □百二十（廿）七丈五尺三寸弱三千九百□

4 □二千二百五丈三尺五寸五八百廿四□

5 □千一百廿五丈五千五百七十一丈四尺二寸□

6 □尺五寸六千三百卌六丈四尺四寸□

7 □三丈四尺三寸三千七百九十七丈九□

8 □尺八寸一万一千六百九十五丈三尺六寸□

9 □尺八寸一千六百七十丈七尺三寸□

10 □寸一千八百六十七丈一尺四寸□

11 □千三百八十六丈四尺□

12 □丈二尺四寸□

〔後缺〕

72TAM170:29/2(6)

注釋

〔一〕「取張壁□中」諸字較大，墨色淡。

〔二〕「了」字朱書，占兩行空間。

（三）

前缺

1 [　　] 一丈七 [　　]

後缺

72TAM170:29/3(b)

（四）

前缺

1 [　　] 六尺三寸二丈九 [　　]

2 [　　] 四寸六尺七寸六 [　　]

3 [　　] 食十六丈合九十(一) [　　]

4 [　　] 尺五寸自折。

注釋

(一)「合九十」為朱書。

72TAM170:29/4(b)

（五）

前缺

1 [　　] 容

2 二丈 [　　]

3 [　　] 尺一寸一丈七尺五寸 [　　]

4 [尺]七寸柔一丈

5 七尺五

［後缺］

72TAM170:29/5(b)

（六）

［前缺］

1 丝八万七千[五]

2 [寶]祭[二]

［後缺］

72TAM170:29/6(b)

（七）

［前缺］

1 物一[百]

2 八千八百五

3 五尺三寸八曲

［後缺］

72TAM170:29/9(b)

此二件据钱伯泉《两件吐鲁番文书介绍与研究》一文转录，因未见原件，故录文恐有不当之处。钱氏所得文书二件，可能出自个人收购，出土地点不明。

一 高昌延壽十四年（公元六三七年）客館文書

1 □阿利摩訶大官真朱人貪汗[大]
2 [官]，好延胡臘振摩訶頼使金錢[ ]
3 [天]官任日，次范君兒付[ ]
4 用看居僧批使任日[ ]
5 付康善射用看塢[ ]
6 [十]四年酉歲[ ]
〔後缺〕

按：此件据钱伯泉文之原件照片及录文，改正可靠，因未看原件。
又应参见《吐鲁番出土文书》图文本贰册 页第七六行刊佈件。

不明文書二

二 《老君十六變詞》殘卷

1 老君十六變詞
2 一變之時，生在南方亦
3 如火出胎墮地能獨生，
4 合口誦經声琑琑，眼中
5 淚出珠子碟，文母世間
6 驚怪我，復畏寒凍
7 來結果，身著天衣
8 誰知我。
9 二變之時，生在西岳

按：此残卷应查分散遗宝藏之所收卷子，又应查还欣庵之所收行号

10 在漢川，寄生王家

11 練精神，出胎墮地能

12 語言，晃晃昱昱似

13 金銀，三十六色綺羅

14 文，國王歡喜會群臣，

15 英儒雅士平論。忽然

16 易體在北方，出胎墮

17 地

18 三變之時，合誦經聲

19 鄉鄉，額上三午十二

20 行，兩手不開把文章。

21 配名天地原陰陽，從

22 石入金快翱翔。

23 四變之時，生在東方

24 身青蔥，出胎墮地

25 能曈舂，合口誦經聲雍雍。

（後缺）

阿斯塔那二〇六号墓文书

阿斯塔那二〇六號墓文書

昔年已刊佈本墓出土武周永昌元年（公元六八九年）

麴氏墓誌及一十五件文書。今檢舊時漏出文書殘片多件，

復經整理，予以編號，公諸于衆。

一　唐貞觀廿三年（公元六四九年）

榆樹辭爲婢死事

本件爲昔年漏出文書殘片，雖有墓號，然無文書編號。

今據人名、內容、筆跡，並及法律文書格式，知

爲昔年刊佈同墓所出《唐勘問婢死虛實對案錄狀》缺

失部份。並新予文書編號，姑置附于昔刊件後。唯昔

年刊佈件釋文、斷代有誤，今段及訂名欠妥。

無[illegible]

唐勘問婢死虛實對案錄狀

（前缺）

1　去五月内身□

（中缺）

2　被問依實謹辯。□□狀如前謹牒（牒）。

圖文本2冊P304-305

〔中缺〕

3 [　　]廿三年十月〔一〕

〔中缺〕

4 [　　]買(賈?)榆樹〔二〕年卌六

5 保人前庭[　　]年卌五

6 保人承禮鄉人王勝達[　　]

7 保人[承][禮][鄉][人][　]中通年廿[　　]

8 [　　]行通年廿八

9 [　　]緒年卌八

〔後缺〕

73TAM206:42/11—11

注釋

〔一〕據本墓永昌元年墓誌，推知此前唯唐太宗貞觀行用二十三年。是年五月卒，子李治立，逾年改元。然避父諱，故本件之「牒」字，寫作「牃」。

〔二〕榆樹當年刊佈件將「榆」釋作「檢」，今予更正。據當刊佈件，知榆樹因婢死還告發而被訊問，故作此辯辭。

〔三〕唐折衝府名，[illegible]。

二　唐課公廨錢本利歷

本件為當年漏出文書，其殘片原無出土墓號及文書編號。今據人名、內容、書寫格式，並及筆跡，知與當年刊佈「唐課錢帳歷」同為一件。故新予文書編號，姑置于舊件後。又當年訂名為「課錢帳歷」未妥，應是「課公廨錢本利曆」。此件非是西州高昌縣物，且年代應在永徽前後，專文論之。

（一）

〔前缺〕

1 □□□ 張三十八 高四姑二十 張師卅 張二卅 張□

三

2 □□□ □□□十 □□□ □□□ 〔一〕□□□ □十五 □□

□五

〔後缺〕

73TAM206:42/9—34

与第二P311（七）之行5人名錢帳同，30（四）行5，307（一）行5同

（二）

1 啖卅六信課

〔後缺〕

73TAM206:42/9—35

（三）

〔前缺〕

1 四年春二正月十日取陸伯文

〔後缺〕

73TAM206:42/9—36

（四）

［前缺］

1 □□月廿斷？正月十日所欠白□□

［後缺］

73TAM206:42/9—37

（五）

［前缺］

1 二月十九日入本一百卅三文　多子□

［後缺］

73TAM206:42/9—38

（六）

［前缺］

1 二月廿一日入本七十九初（利？）□□

［後缺］

73TAM206:42/9—39.

三　唐咸亨三至五年（公元六七二—六七四年）文官傳案文書

本件為昔年漏出文書，殘剩一行八字，無出土墓號，亦無文書編號。今據「尾盡」二字，知是唐制。復據書寫筆跡、內容，考訂與昔年刊佈二〇六號墓所出《唐咸亨三至五年文官傳案》同為一件。今予新編號，姑附于昔刊件後。又昔籤名作「文官傳案」，未妥，俟後考定。今且依昔年訂名。

~~唐咸亨二至五年（公元六七一——六七四年）文官~~
~~俸案文書（一）~~

田

〔前缺〕

1 ［　　］顧尾盡其年五月廿

〔後缺〕

73TAM206:42/3-3

阿斯塔那三一四號墓文書

一　唐專行軍糧案殘牒

本件爲昔年漏出有字殘紙殘片。雖有出土墓號，然無文書編號。今新予文書編號。

〔前缺〕

1 ［　　］依

2 ［　　］虞？由同

3 ［　　］來專行軍粮案

〔後缺〕

69TAM314:08

阿斯塔那五二五號墓文書

本墓出泥墓誌一方，昔年訂爲高昌年間（五三一——六四〇）（見《新疆文物》一九〇〇年三—四合刊第二五頁）。又舊時漏出唐代文書一件，今補錄出。

一　唐隊副曹攬延牒爲索笆籬檑木事

〔前缺〕

1 ［　　］□延住

2 ［　　］奴守相　奴典倉　奴秩多

3 ［　　］前件人等蒙笆籬雷（索）（笆）（籬）（檑）

4 處分謹牒（牒）

5 元年四月　日隊副上柱國曹攬延牒（牒）

6 了仍（何）因今

（後缺）

73TAM525:11

注釋

〔一〕本件雖無紀年，但從銜名及兩處「牒」字寫作「[illegible]」，以避唐太宗諱，知是作於太宗卒後。

阿斯塔那二〇六年六〇二号墓文书

阿斯塔那六〇二號墓文書

本墓爲夫妻合葬，夫後亡。女尸所著紙鞋中拆出文書殘片多件，有紀年者爲唐龍朔三年（公元六六三年）。

一　唐龍朔三年（公元六六三年）范歡慶僱人上禮契（二）

1 龍朔三年八月十六日

2 文用銀錢拾伍文

3 禮當番一次拾伍

4 留官罪及東西

5 當不干歡慶□畫
6 指為記。
7 錢主范
8 受雇毛伏德
一一
9 知見人趙武相
一一口

[後缺]

06TAM602:25/1—3

注釋

(一)本件多有殘損，但行3云「當番一次拾伍」，行4云「留官罪」與TAM338號墓之《唐顯慶三年（公元六五八年）西州高昌縣范歡慶雇人上烽契》相比較，知是雇人上槽契。唐西州設有官驛，其內置槽以飼驛馬，「上槽」為唐之雜役。

二 唐懷洛辭為請公驗事

[前缺]

1 安樂城宋憙住仏(佛)一
2 縣司：懷洛十二月廿八日於安□
3 □(云?)寫在彼城□(二)
4 □仏遣懷洛於此訪覓，今訪覓二人??
5 並是同鄉人范隆洛及一僧二人盜將。
6 今欲於隆洛邊捉送，恐悉不練，謹
7 以辭陳，請給公驗，謹辭。
8 必□

9 即提

10 式

06TAM602:25/1—1

TAM602:25/1—2

~~本件文書原爲兩件，在第3行中間分開，前後部分分別編爲1-1和1-2號。經拼對可以合爲一件。本文書背面塗黑。~~

阿斯塔那四号墓文书

一　唐支用錢練帳一補

本件爲昔年漏出殘片，原無出土墓號，亦無文書編號。經內容、用語、筆跡考定，知爲昔年刊佈之《唐支用錢練帳一》之漏出碎片，今新予文書編號。唯舊訂名欠妥，俟考。今訂名姑依舊，後加「一補」字。

（一）

（前缺）

1 苜蓿更用　　文買苜蓿

2 　　　　六文糴（粟入）佳（麥）麩

（後缺）

64TAM4:46/1—1

（二）

（前缺）

1 更用　半尺得三

（後缺）

64TAM4:46/1—2

（三）

（前缺）

1 苜蓿

（後缺）

64TAM4:46/1—3

（四）

〔前缺〕

1 □用錢？

2 練一疋，買

〔後缺〕

64TAM4:46/1—4

（五）

〔前缺〕

1 懂憙

〔後缺〕

64TAM4:46/1—5

（六）

〔前缺〕

1 祀

〔後缺〕

64TAM4:46/1—6

二 唐兵士領幕鍋等物抄

本件殘剩二行十二字，爲昔年漏出文書。據筆跡、內容判定爲昔年刊佈同墓所出《唐盧武等領物抄》之缺失部份。唯舊刊佈件釋文有漏誤，訂名不確。今予文書編號並新作訂名。

〔前缺〕

1 □□□幕一口，銅過（鍋）一口，□□□

2 [鐵]一口領[人]

[後缺]

64TAM4:50(2)—1

八　唐某人用錢夏(?)契(殘)

[前缺]

1 [交]用[錢]

2 [邊]夏

[後缺]

64TAM4:55/1

阿斯塔那二三〇号墓文书

武周西州柳中縣柳中鄉里正趙弘慈等殘牒

阿斯塔那二三〇號墓後出文書

本墓出土文書，昔年刊佈於《吐魯番出土文書》釋文本第八冊、圖文本第六冊。今又檢出昔年漏出文書殘片多件，經拼合釋文共八件，中有數件可與前已刊佈件拼合，俱為唐及武周時文書。

一　唐儀鳳三年（公元六七八年）尚書省戶部支配諸州庸調及折造雜練色數處分事條啓

本件殘剩三片，亦無文書編號。經內容、書寫格式、筆跡考訂，爲昔年所作同墓所出《唐儀鳳三年尚書省戶部支配諸州庸調及折造雜練色數處分事條啓》之漏出殘片，中有可完整拼合者。今新予文書編號，訂名依舊。

（一）

1　[護]

2　都[護]（三）

72TAM230:46/4

（二）

〔前缺〕

1　徵百姓用填[倉][ ][折]欠[折][數][仰]

2　[出]填欠錢許浪徵百姓替輸仰具

〔後缺〕

72TAM230:46/3

[illegible]

（三）

〔前缺〕

1　取[ ]

2　一[庸]

〔後缺〕

72TAM230:46/5

[illegible]

（四）

〔前缺〕

1　[後]申[州]今[郎][ ]

2　卯[仰]即[全]輸半輸入

〔後缺〕

72TAM230:46/6

〔注釋〕

（一）此字殘剩字頭「艹」。經考可與前已刊佈於《吐魯番出土文書》之圖文對照本第肆冊第六六頁行十之首字，完整拼合為「護」字。故此行無前缺。

（二）此字殘剩右側字頭「[illegible]」。經考可與前已刊佈於《吐魯番出土文書》之圖文對照本第肆冊第六六頁行十一第二字，完整拼合為「護」字。故此行無下缺。

二　唐坊正康進殘文書

（前缺）

1 [ ]　廿四日

2 [ ]到，今將隨送。三月廿五日坊正康進

3 [ ]舉示　廿五日

（後缺）

72TAM230:75/1

三　武周天授二年（公元六九一年）總納諸色逋懸及屯收義納糧帳

本件殘剩二片（為昔年漏出文書），無出土墓號亦無文書編号。據其內容、筆跡（年號），知與昔年刊佈於武周天授二年總納諸色逋懸及屯收義納糧帳已為同一件。片（一）又據（內容及）拆口痕迹，可與前已刊佈件之行1可拼合。片（二）則應是屯收義納糧數，接已刊佈諸色逋懸之後。並分別新予文書編號。

（一）

1 合從載初元年九月一日已後至天授[ ]

72TAM230:49/1

（二）

（前缺）

1 粟[ ]

2 右同前月日訖[ ]

3 粟二百九十七石[ ]

4 右同[ ]

（後缺）

72TAM230:49/2

注釋

〔一〕本殘片已與前刊佈件首行拼合，故無前後缺。故題只剩一行，亦知前後均無缺。

〔二〕據定名題解，此片〔二〕應置于昔刊佈件後。唯二者間，當有中缺，而非前缺。今因抄寫之便，故暫作「前缺」。

四　武周天授二年（公元六九一年）唐建進辯辭

本件為昔漏出殘片，無墓及文書編號。據紙質、內容、法律文書格式、筆跡，考訂可拼為一，新予文書編號。又與昔年刊佈於《吐魯番出土文書》圖文本第肆冊之七〇—七六頁所收唐建進告之譜高元禎職田違剝調查案卷之人名、內容、格式若干筆跡亦同，故訂名斷代依舊。

1　唐建進年卅七〔三〕

2　建進□□簿於安昌所種田是

〔中缺〕

3　牒（牒）被問得建進□

4　等種埊（地），多納子□

5　□建宜且權於□

〔中缺〕

6　今欵連署□

7　依實謹

8　𠀑稐（天授）□

〔後缺〕

72TAM230:67/2, 67/1, 67/3

五　武周倉督劉通感辯辭

本件殘存一行九字，無墓及文書編號。今據人名、職掌、筆跡及法律文書格式，考訂為昔年所刊佈同墓《唐通感等辯辭為徵納逋縣事》之首行。又紀年雖缺，但見[illegible]剩[illegible]字內，「年」作「[illegible]」，故斷代為武周。其編號也隨已刊之72TAM230:5。

1　倉督劉通感年（年）五十二

72TAM230:5

注釋

六　武周李道福等殘名籍

本件爲昔年漏出，剩三片，八行，書於白麻紙上，原無文書編號。今據殘存麴大志名，又見於昔年刊佈同墓所出之武周勘田牒中，該牒用武周新字，但「人」字不改，如同本件，故姑將本件訂作武周，並新予文書編號。

~~唐李道福等殘牒~~

（一）

（前缺）

1　李道福

2　一人　請

（後缺）

72TAM230:64/1

~~唐李道福等殘牒~~

（二）

（前缺）

1　史典馬

2　右件人貫高昌縣麴大志家

3　孔建峻　奴相德　曹知己　闞

4　□□□匡（翟？）多昧□□□

（後缺）

72TAM230:64/2

~~本件中麴大志在同墓文書「武周勘田牒」（72TAM230:…）中也出現過，該文書與本件字体不同，「地」、「年」用武周新字，「人」不用武周新字。今按其編號將三件編爲1、2、3號。另，第64號無第十一文書與本件原爲一件，編爲64/2號。~~

与72TAM230墓
应京土文书相对比
有无可拼合者.

~~[唐某趙播等殘牒]~~

（三）

（前缺）

1 張

2 康莫毗 曹阿了尾山

（後缺）

72TAM230:64/3

七 武周里正趙弘慈等殘牒尾

本件殘甚，舊未編出。殘片見用武周新字，故訂作武周。又昔年列作同墓所出殘牒多件，因今無見，未知可否拼合。從略。

（前缺）

3 里正

4 里正趙弘慈

（後缺）

72TAM230:

八 唐西州請北館坊採車材文書

本件殘剩二片，原無墓及文書編號，為舊時漏出。今據僅存館名，內容，筆跡比對，知與昔年列作本墓唐西州請北館坊採車材文書乃為同件。又依例予以編號，文書訂名依舊。

（一）

（前缺）

1 北館等坊如綠宮

2 渠樹木，不閑（關）百姓（低）（寫）氏

（中缺）

72TAM230:48/3

~~[唐西州請北館坊採車材文書]~~

（二）

（前缺）

3 脩車積中始得，

（後缺）

72TAM230:48/3，48/4

阿斯塔那一八四号墓文书

阿斯塔那一八四號墓文書

~~昔年已刊佈本墓出土文書七件，為麴氏高昌延昌~~

~~氏。今撿拾得殘編出文書多件，經整理，予以刊佈。~~

昔年已刊佈本墓所出本墓文書於《吐魯番文書》上

釋文本第八冊，圖文本第四冊。今又撿得編出女尸紙鞋一

雙，兩內底亦糊有文書，今作錄文予以刊佈。

一 唐殘書牘

本墓為夫妻合葬，夫後亡。見紙靴拆出文書有紀年者，最晚

為開元十二年（公元七二四年），俱已刊佈。今又撿得當

年編出女尸紙鞋一雙，出於保護文物不宜拆洗，故就目力

所及，知兩內底皆糊有文書，從筆跡、內容可判定為一書牘

之三殘片，故新予文書編號，分段錄文。

（一）〔一〕

〔前缺〕

1 言書順辰□□□言作氣

2 不能學他作債，令家內酬還。

〔後缺〕

72TAM184:1/1

右 72TAM184:1/2

（二）〔二〕

〔前缺〕

1 作計欠？不必此然？

2 然貼附此語（話？）

3 阿舅 阿嫂 等。張大兄 阿嫂

4 等親眷大者𢀔拜小者問訊

72TAM184:1/2

〔後缺〕

（三）

〔前缺〕

1 敏圳

2 𢀔阿更（婢）

〔後缺〕

72TAM184:1/3

注釋

〔一〕此書牘粘附在一雙紙鞋內底，分別編號。出土本書牘的M184為男女合葬墓。墓中所出紀年文書最早者為開元二年（公元七一四年），最晚為開元十二年。

〔一〕此段二行出自女尸左腳鞋內底。

〔二〕此段四行出自女尸右腳鞋內底上端。

〔三〕此段三行出自女尸右腳鞋內底下端。

阿斯塔那五三二号墓文书

阿斯塔那五三二號墓文書

《吐魯番文書》釋文本第九冊第一九八頁及圖文本第肆冊第三六六頁均已收本墓唐代文書二件。今從昔時漏出文書中經整理考訂，猶有開元文書一件。

一 唐開元六年（公元七一八年）高昌縣潘寺尼如金訟牒為因改嫁領官錢帛粟事（草）

本件殘甚，為兩次書寫同一事於同一面。第二次倒書於第一次書寫牒文之行間，可互為補充殘損事由。故不作兩件分録。

尼如金訟牒

1 □問□先改嫁前所□物。仰答！
2 □先陳
3 □粟

（中缺）

1 □□介録事□即

（中缺）

2 □乏
3 衣粮、户役牽挽困重。遂（遂）即嫁

4 利（别？）人。當於介録事邊得錢一文帛練
5 一足粟一石是實自餘所注雜
6 物，元不領得。陳環今既無賴，却理
7 錢粟□

4 陳□
5 環却理（理？）□原物□□錢叁仟文。被問依實謹
6 牒。
7 開元六年三月　日潘寺一尼如金一牒（牒）

73TAM532:1

阿斯塔那二三〇墓文書

同出殘片，已作録文，但不收入。望能將同墓所出文書原件另出，並之對比，可能還將作出判定；或作照相，收入本墓之圖文本收入。

一

〔前缺〕

1 百十六文

〔後缺〕

〔前缺〕

1 □□□□□

2 以上□□□田

〔後缺〕

〔前缺〕

1 户曹判

〔後缺〕

73TAM206:05/4 文書殘片，統一拍照，另不錄文

同一號，並作錄文，但不收入釋文本。除非將該墓出土所有作品之全部另出一本之外。據紙質、筆跡、內容，或可綴合……位後作此工作。

［前缺］

1 □□家□□□

［後缺］

［前缺］

1 釒□川□汀□［鄉?］

［後缺］

［前缺］

1 □四月□

2 □福 小 王隆智□

［後缺］

［前缺］

1 □謹牒□

［後缺］

（前缺）

1 □山弘卅一

2 □黄□

（後缺）

（前缺）

1 □當鄉□火（秋？）□

（後缺）

（前缺）

1 □屈姜□

（後缺）

（前缺）

1 谷録□

（後缺）

二、殘契券（二）（麴氏高昌時期）

〔前缺〕

1. □爲信。

〔中缺〕

2. （請）讀書　　　　僧□

3. 時見　□

4. 扣見　□

P30 梅 2

二、殘契券（三）（麴氏高昌時期）

〔前缺〕

1. □行二主各自署名爲信。

2. （請）清書（焉）馬

3. （臨）時見令狐

4. 瘂坐（左）尤

〔後缺〕

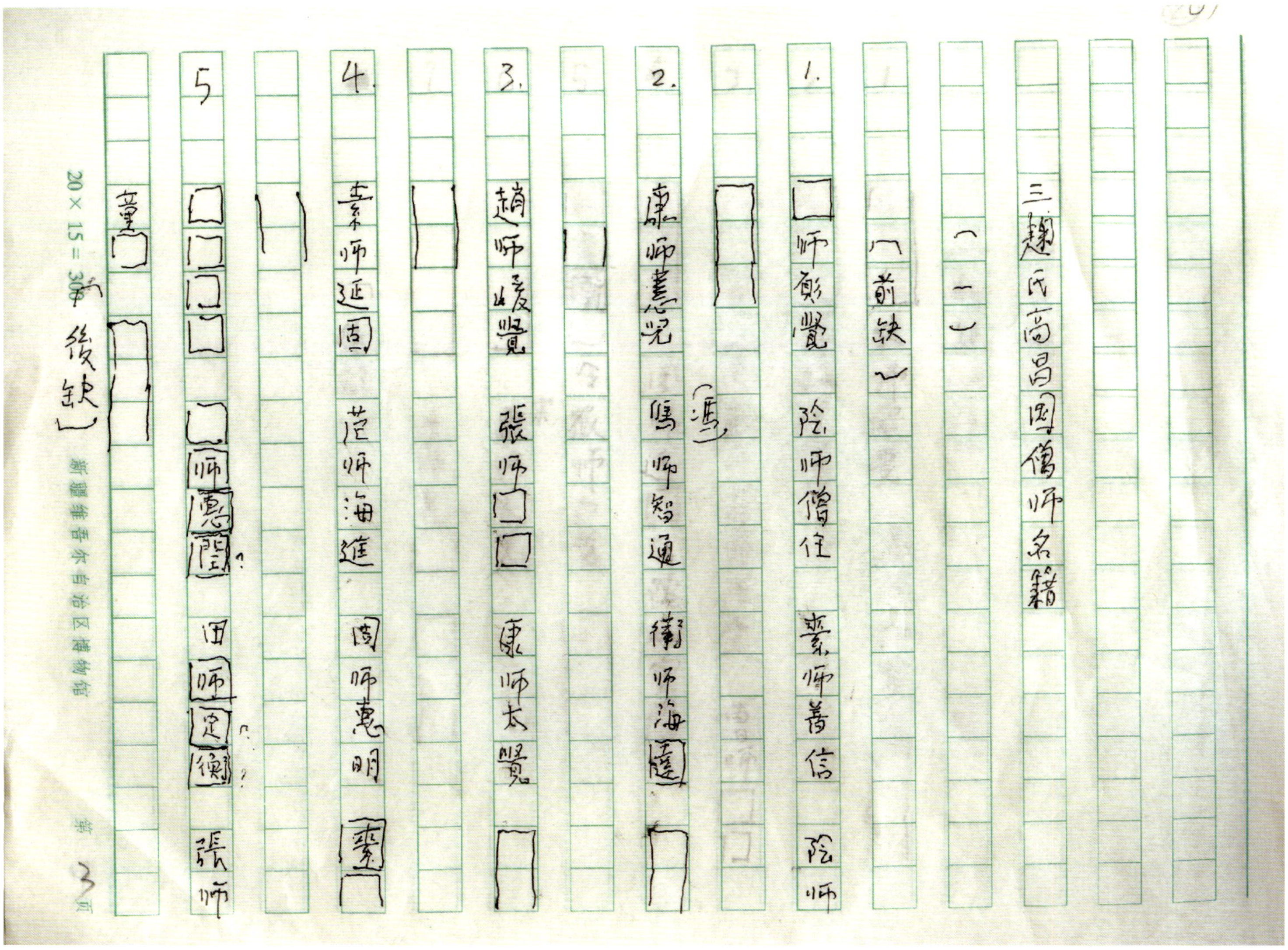
三 趙氏高昌國僧师名籍

（一）

〔前缺〕

1. □师彰覺 陰师僧住 鞏师善信 陰师

2. 康师慧兇 馬（馮）师智通 衛师海遷 □

3. 趙师峻覺 張师□□ 康师太覺 □

4. 索师延固 范师海進 閻师惠明 □

5. □□□□ □师惠隆？ 田师定衛？ 張师

6. 翟□ 〔後缺〕

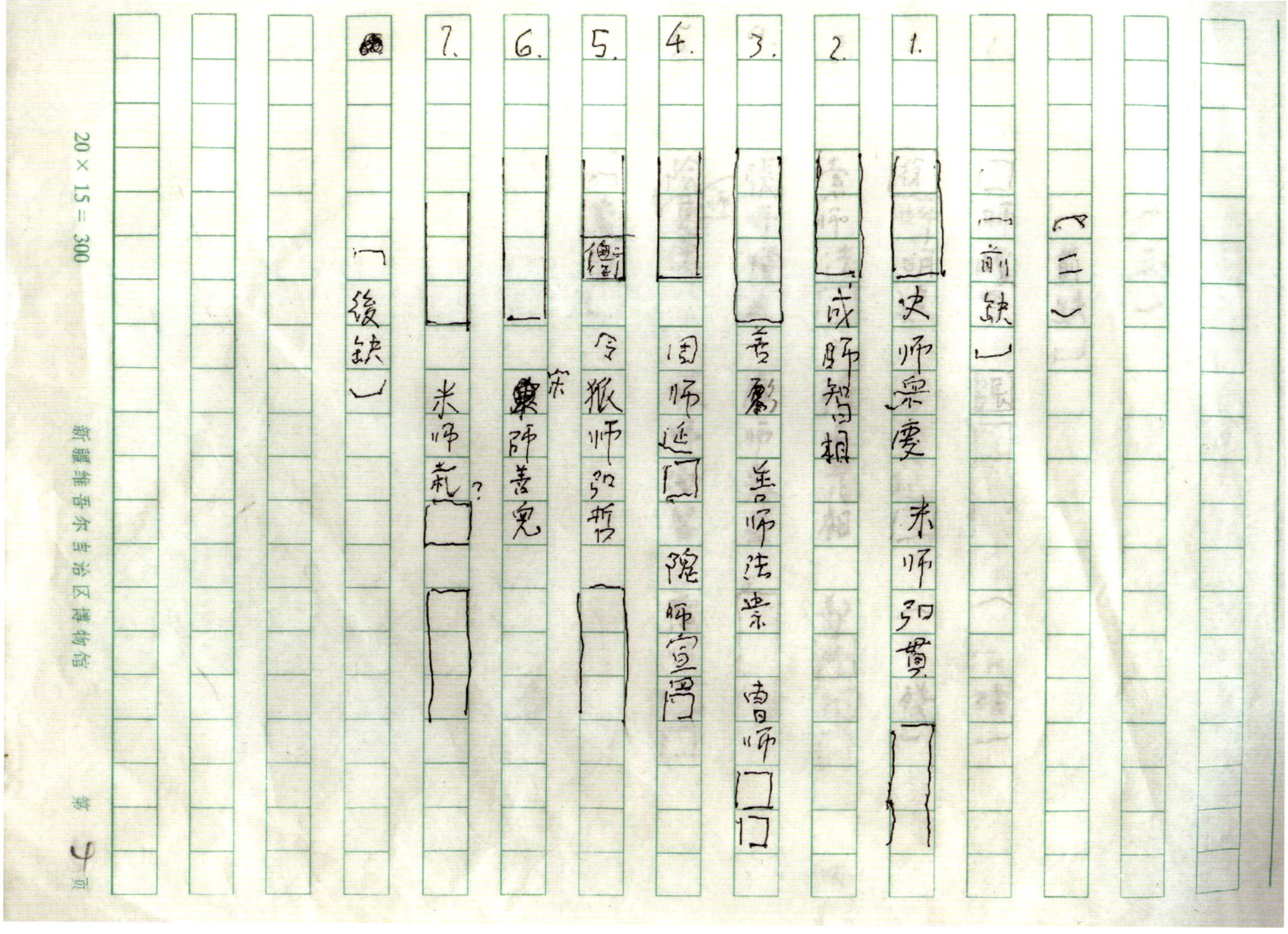
（二）

〔前缺〕

1. □史师榮慶 米师弘貴 □

2. □成師智相

3. □善慶 吾师法崇 曹师□门

4. □ 固师延□ 陰师宣罔

5. □衛 令狐师弘哲 □

6. □ 東（宋）師善兇

7. □ 米师亂？ □ □

〔後缺〕

（三）

〔前缺〕

1. □师峻贤 □ □ （下残）

2. 徐师明進 索师延□ （下残）

3. 索师法□ 張师□翻 賀师□□ □ 师□

4. 張师憧太 康师惠益 □

5. 陰惠儒（师） 張师海智 隗师□□

〔後缺〕

第5頁

麴氏高昌國寺院三綱上寺名殘疏

（四）

〔前缺〕

1. 卯□寺 附庸寺 永安公主寺 □

2. 南劉都寺 汜都寺 安寺 麦寺 劉寺

□

3. 是有息所寺

4. 次王寺 弘慈 康俗祖寺 樊寺 □

5. 塢後白寺 田寺 井寺 韓寺 渾□

6. 上坐惠取 寺主法伯 維□

第6頁

三 高昌殘契券
2.
3.
置名
信
張
P33

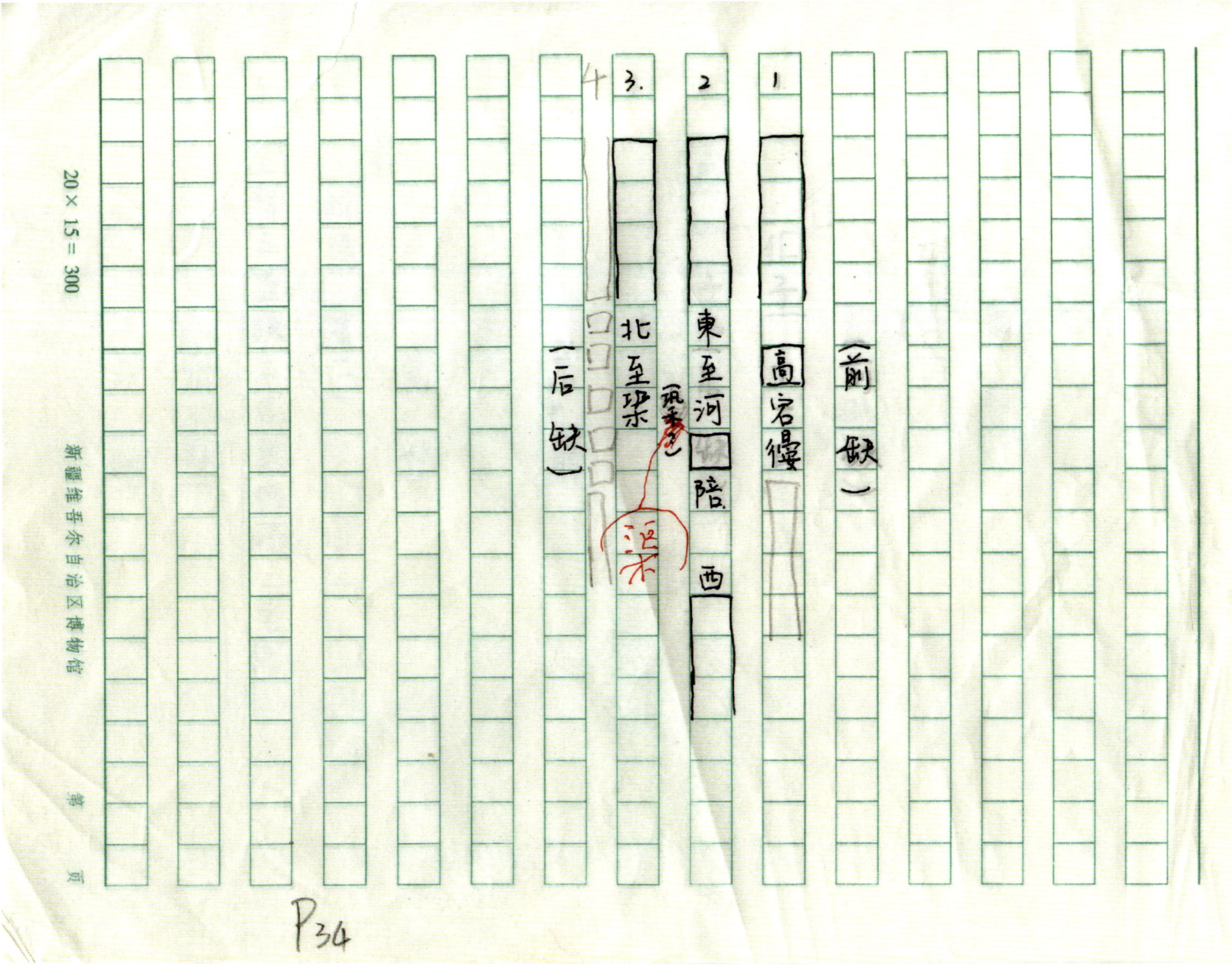
（前缺）
1 高宕僂
2 東至河 陪 西
3. 北至渠
渠
4
（后缺）
20×15=300
新疆维吾尔自治区博物馆
P34

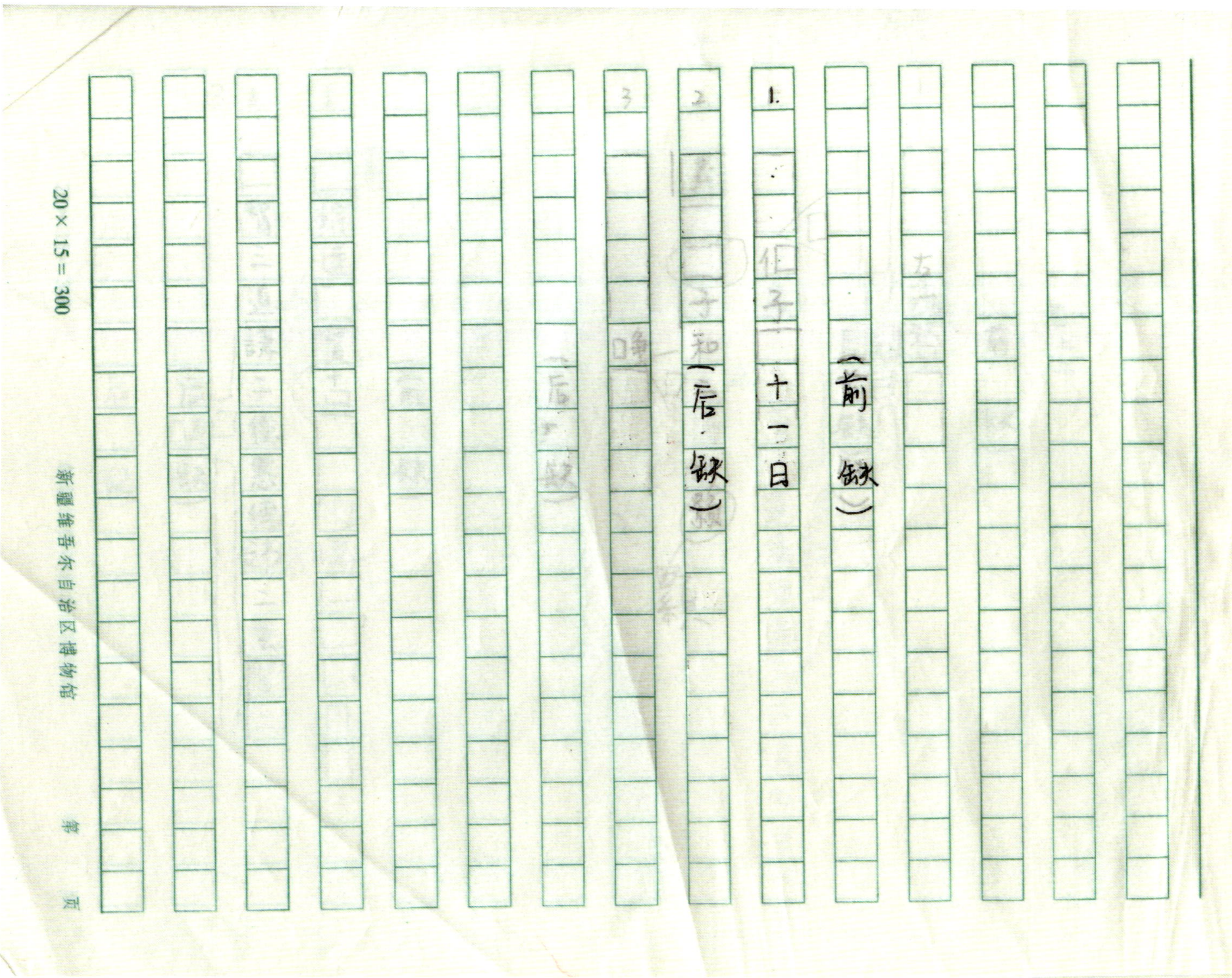

(前缺)

1. 伯子 十一日

2. 子和（后缺）

3. 唫

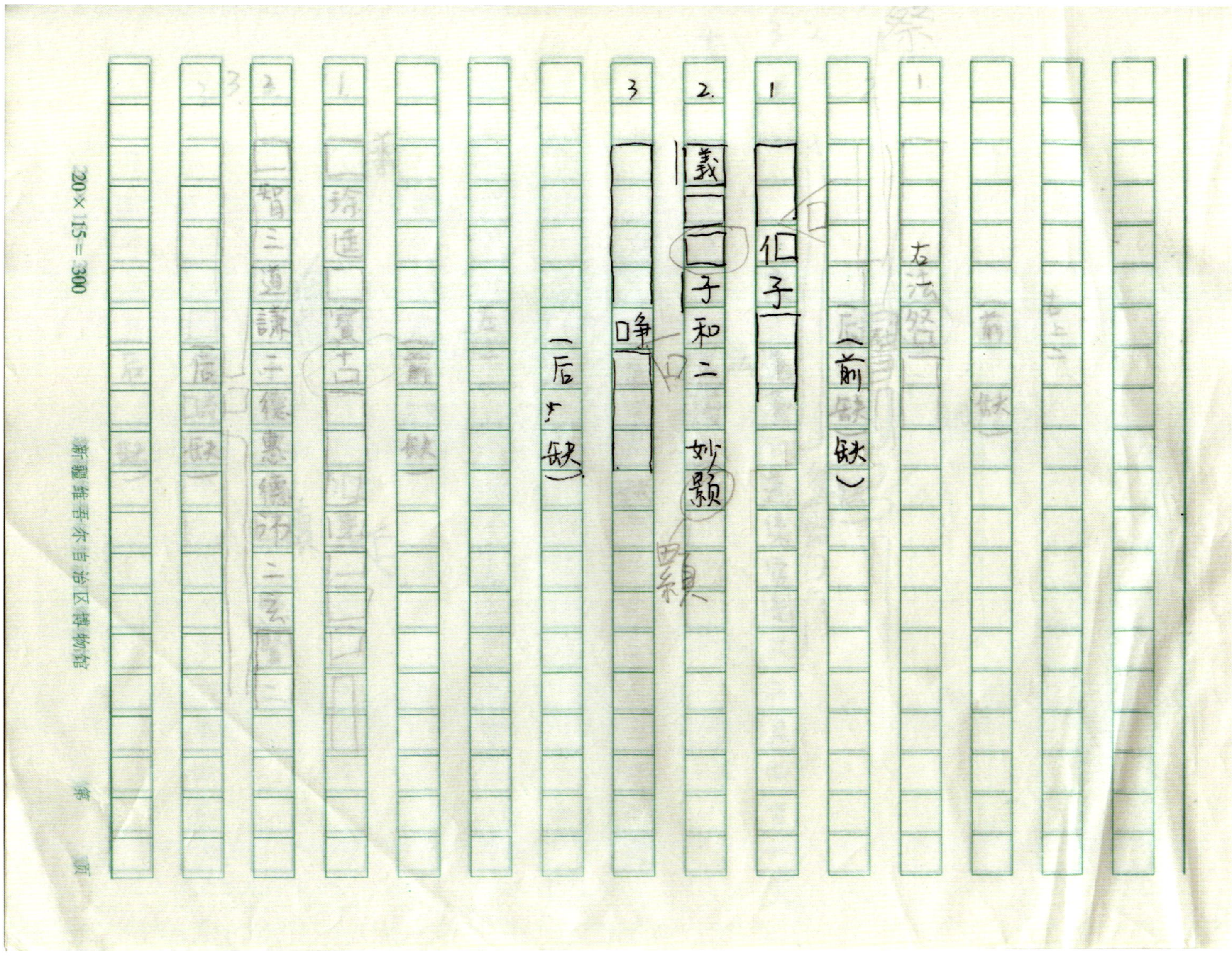

(前缺)

1 □伯子□

2. 義□□子和二妙顥

3 □唫□

(后缺)

右上二

（前缺）

1. □□□法答□□

（后缺）

1. □寸度丈道養六道俵究光丈二尺七寸一丈

左三

（前缺）

1. □琮迮□寶十口□□□□□

2. □智三道謙二德惠德沛二玄賢二

3. □（后缺）

（后缺）

左二

（前缺）

1. □寸度丈道養六道俵究光丈二尺七寸一丈

2. 二尺五寸一玄悔唓□

（后缺）

左一

（前缺）

1. □、汩光□

2. □小益容滿□照賢二

3. □僧琉□

（后缺）

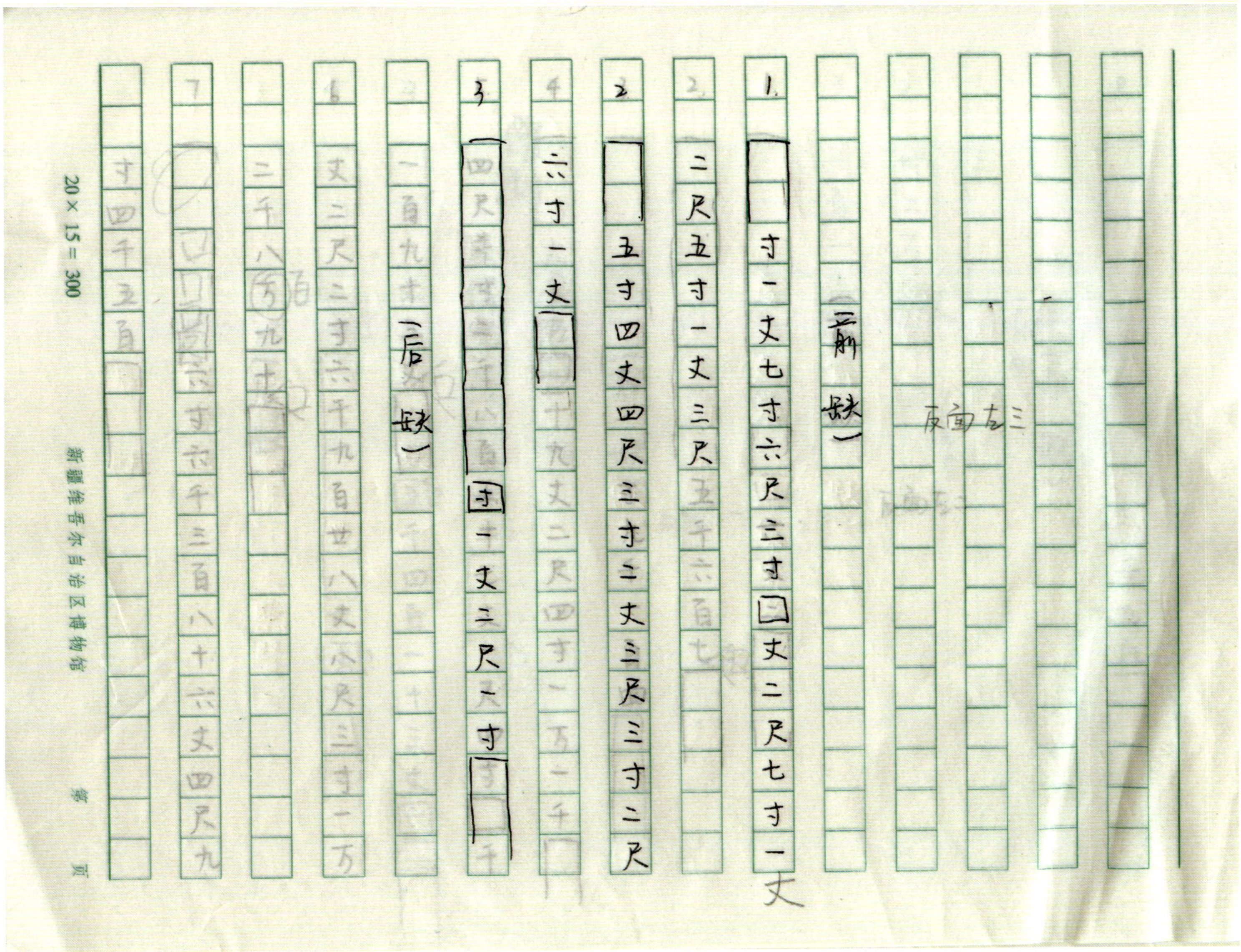
反面左三

（前缺）

1. □寸一丈七寸六尺三寸□丈二尺七寸一丈

2. 二尺五寸一丈三尺

3. □五寸四丈四尺三寸二丈三尺三寸二尺

4. 六寸一丈□

5. □团一丈二尺八寸□

一百九十（后缺）

新疆维吾尔自治区博物馆　20 × 15 = 300　第　页

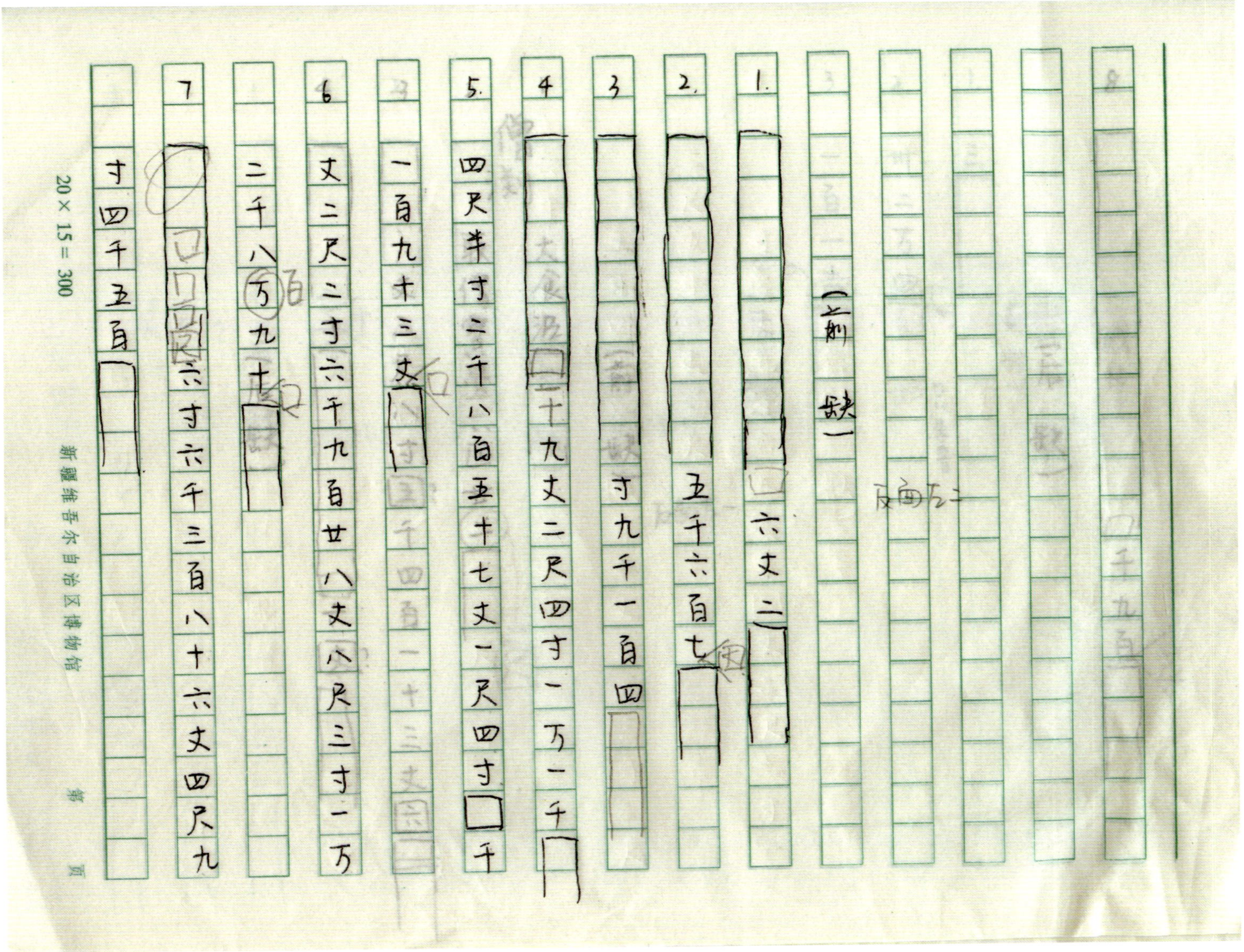
反面左二

（前缺）

1. □六丈二□

2. □五千六百七□

3. □寸九千一百四□

4. □十九丈二尺四寸一万一千□

5. 四尺半寸二千八百五十七丈一尺四寸□千

一百九十三丈[illegible]

6. 丈二尺二寸六千九百廿八丈八尺三寸一万

二千八万九十□

7. □□六寸六千三百八十六丈四尺九

寸四千五百□

新疆维吾尔自治区博物馆　20 × 15 = 300　第　页

8 □千九百

（后缺）

（前缺）　反面左一

1. 大食沮

2. 取僧寶畳六匹廿二

僧渕

3. 六丈三尺八寸五?千四百一十三丈六

4. 寸　六丈?

（后缺）

残片

（二）　反面中上

（前缺）

1. 三

2. 卅二万四　以上朱書

3. 一百一古

（后缺）

（三）　反面中间第

（前缺）

1. 六

2. 八

3. 六

（后缺）

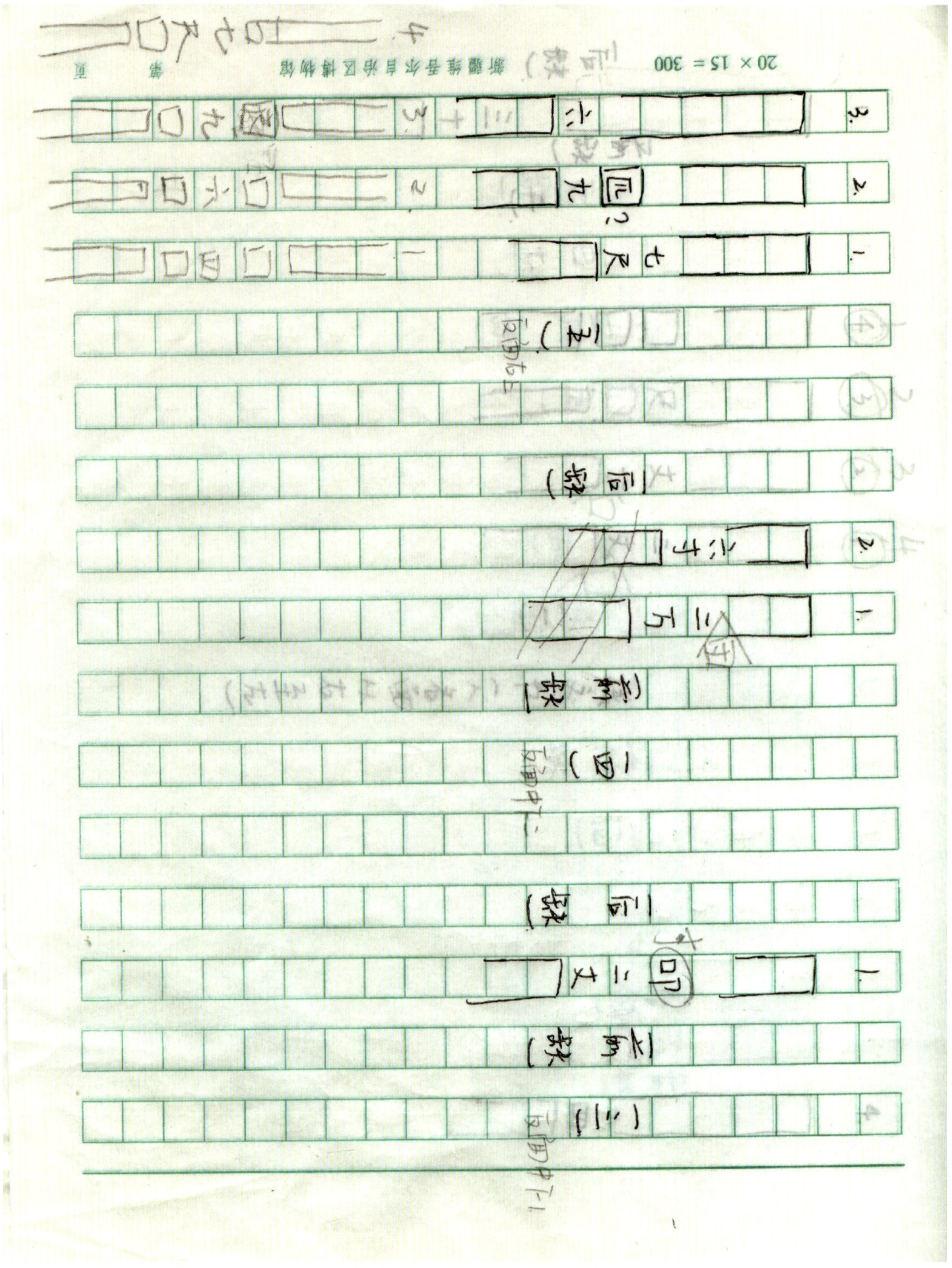

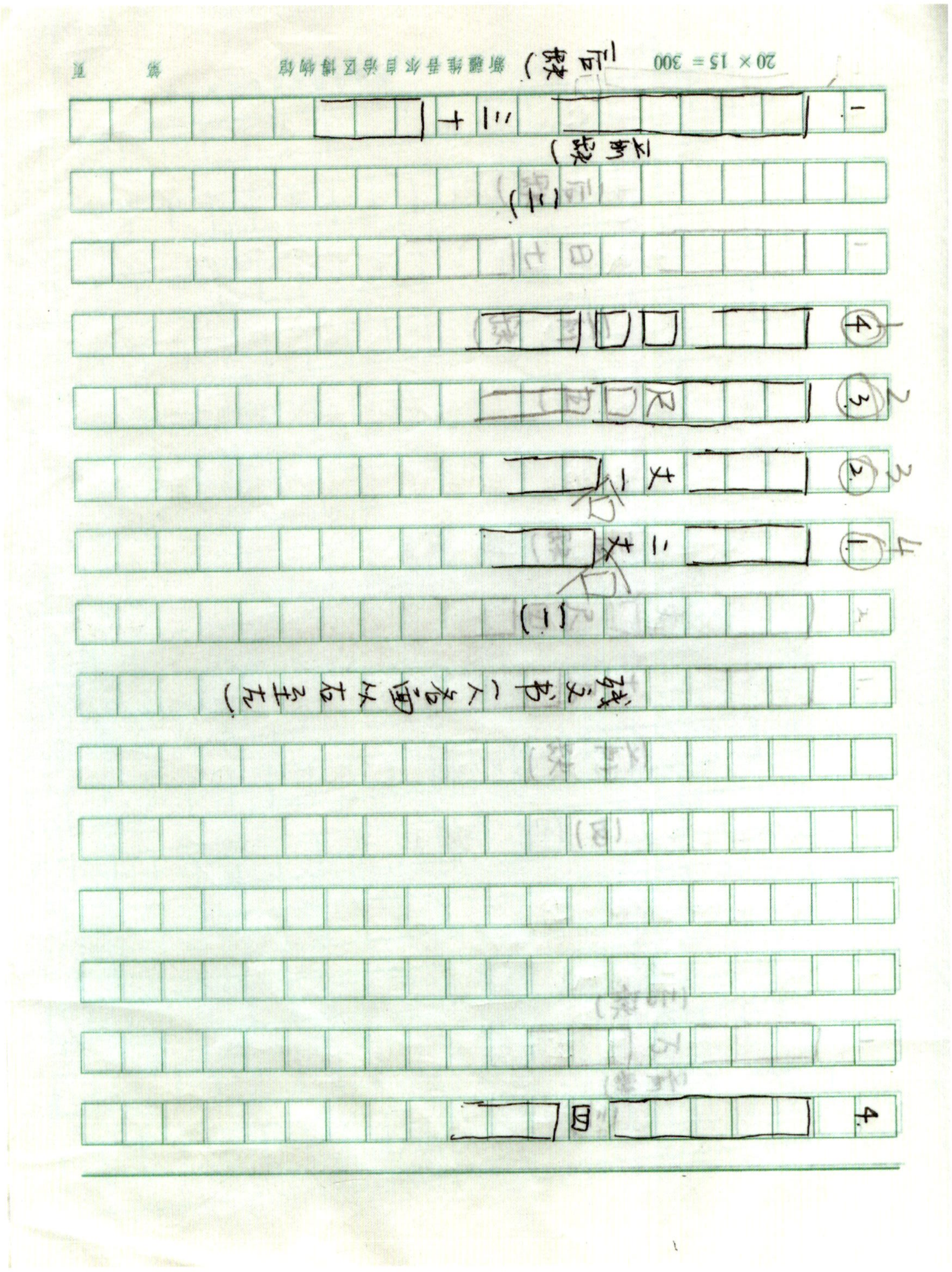

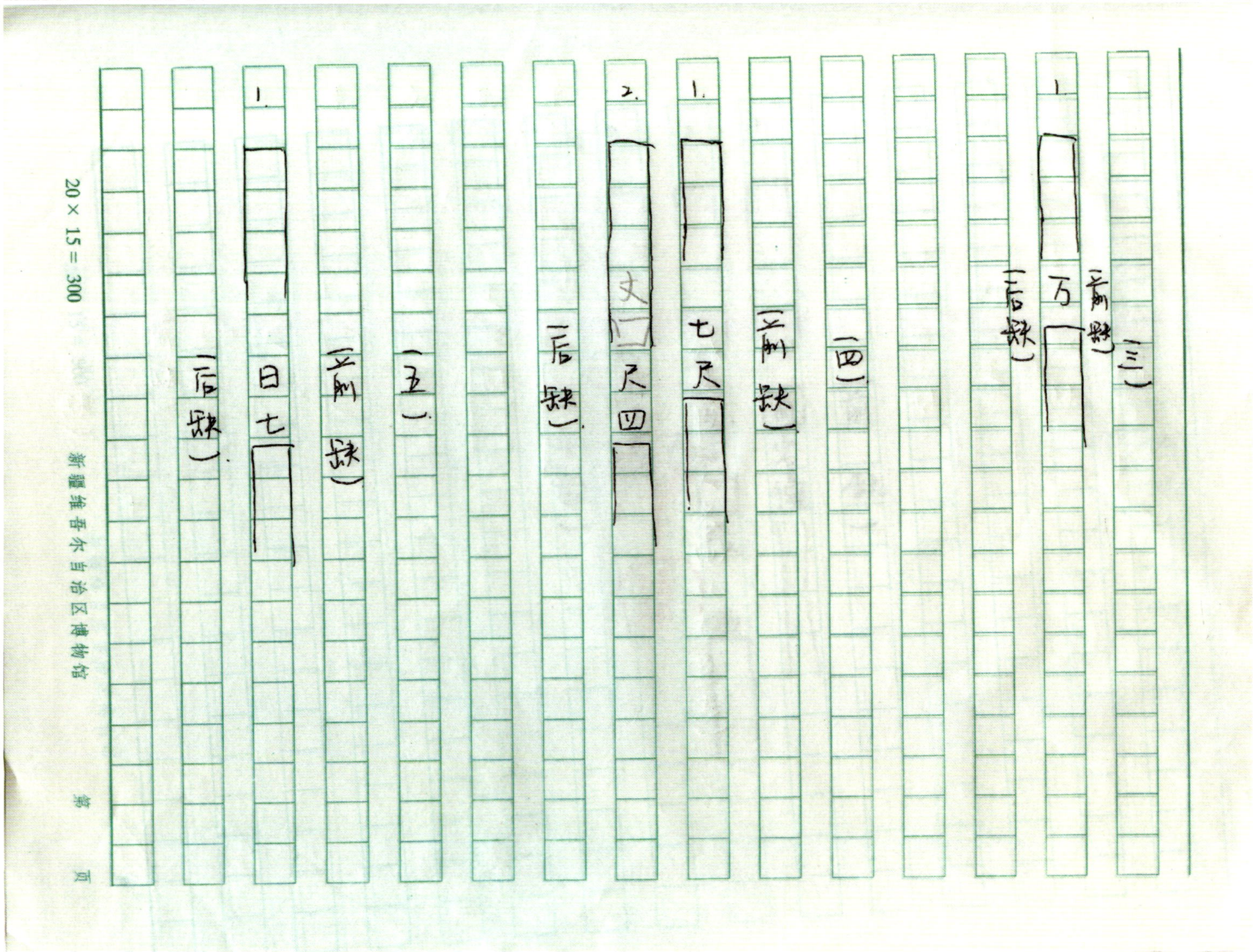

（三）

（前缺）

1. □万□

（后缺）

（四）

（前缺）

1. □七尺□

2. □丈□尺四□

（后缺）

（五）

（前缺）

1. □日七□

（后缺）

20×15＝300　新疆维吾尔自治区博物馆　第　页

後記

朱先生，我想對你説，春天來了，武大的櫻花、百合花都已綻放，珞珈山上滿眼春色，可惜你都看不見了。你離開我們半年了，這半年我在回憶中度過，特別是對最後十幾年的生活仔細梳理了一遍，把你在北京和新疆整理的文書進行了比較，才知道你最後十年過得太不容易了！十年時間，斷斷續續用盡人生的最後精力整理出一本《吐魯番出土文書補編》，想想就心痛。

爲什麼同樣整理文書，會這麼不一樣？在北京整理文書時，朱先生四十多歲，年富力强，有國家文物局牽頭，組織一群學者團隊作戰，什麼事都不操心，只一心一意整理文書就好。而在新疆整理文書，是孤軍作戰，大小事情都要親力親爲，可朱先生已經快八十歲了，要克服各種困難談何容易！這十年間，每次要去新疆，吃住行都有一定難度。從武漢乘飛機去新疆大約四小時，博物館方面作爲單位買票只能是經濟艙，座位狹窄，而朱先生中途要去洗手間十分不便，腦梗後行動變得遲緩，坐商務艙寬大一點会更方便。經過多次協商，最後決定只能由我們自己進行升艙。在外邊吃飯，一天兩天還可以，幾個月在餐館吃飯油水太大，每次點菜後都提醒師傅少放點油，但效果甚微。去博物館整理文書時，要穿過一條人流量車流量很大的街道，我每天陪朱先生一起走，下雪後路滑我們倆互相攙扶慢慢走，不摔跤平安最重要。二〇一〇年八月，朱先生去新疆維吾爾自治區博物館整理文書，什麼細節也没有談，就開始了工作。因爲朱先生二〇〇九年做了左腎切除，身體在慢慢恢復之中，我提出帶個學生一起工作，朱先生能輕鬆些。崔世平是博士後，與朱先生一起工作三個月，因爲要出站，十一月就回武漢了。朱先生繼續整理三百多片文書，認真看着每個殘片，把那些複雜殘碎的文書根據紙質、字迹、内容進行有序歸類，其中給文書定名是最難的。文書基本整理完成後，按年代斷代、拼接並一一排好夾在亞克力板中，朱先生又把釋文部分一筆一劃認真謄寫在稿紙上，共兩本，一本給博物館，一本給考古部，二〇一〇年工作基本完成。十二月中旬我們才回武漢的家，準備二〇一一年完成剩餘整理工作。

從二〇一一年至二〇一六年，我們兩人的身體都出現了問題。二〇一一年八月朱先生突發腦梗，做CT檢查時發現腦部有一個基底動脉瘤，這可是一顆定時炸彈，動脉瘤隨時會破裂大出血，那是致命的。醫生建議手術治療，但因手術部位特殊，手術難度大，術後不排除植物人或死亡的可能。我没有勇氣同意手術，就順其自然吧。因朱先生膽小，這個血管瘤我始終没告訴他，有時糊塗一點對他也是一種保護。與此同時，我的身體也出現了問題，三四年間做了兩次大手術，兩次全麻，使記憶力明顯下降，經常忘事，對生活多少有些影響。當我們把身體逐漸調理好了，已經是二〇一六年底了，這文書整理到一半，還整理否？朱先生説要做完，不能半途而廢。但有各種困難，博物館没有經費也是個問題，到哪里找經費呢？我們都是大學老師，也没有腰纏萬貫的朋友，怎麽辦呢？二〇一七年初微信中有人發布申報社科基金的消息，我問朱先生申請社科基金可以嗎，他説我都八十多啦，怎麽會給我呢（他曾是社科基金的評委）？我説試試吧，如果通過了，有錢就趕快整理，年紀不饒人呀！如果没通過，也要與博物館溝通，儘快結束文書整理工作，拖着不做不行。這樣商量後，朱先生才同意電話聯繫新疆維吾爾自治區博物館，一起合作申報社科基金。二〇一七年五月社科基金批下來了，朱先生很高興，社科基金還没到賬，就急忙去新疆工作。他對文書有特別的感情，每天在辦公室忙着，对於送來的众多文書，他斷代、拼接、釋文……九月底我們兩人不幸感冒高燒，在賓館睡了幾天，很難受，決定早點回漢。在整理辦公室時，發現放在亞克力板裏夾好的文書因掃描後都裝在塑膠袋裏，朱先生要求還原，我請他們把拍的亞克力板照片放到電腦裏，我照葫蘆畫瓢慢慢來還原，否則回不了家。經過努力，所有工作完成。

二〇一八年準備開研討會，前期準備工作都是在武漢完成的，考慮工作有點多，特帶兩個學生幫忙。在請學者時朱先生告訴我，要請吐魯番的同志參加，臨開始報到時，吐魯番的老師來電話，領導不批不能參會，朱先生讓我找到吐魯番文物局領導的電話，親自打電話溝通，爲了吐魯番文書整理後繼有人，朱先生頗爲用心。每次到新疆烏魯木齊工作，朱先生都會去吐魯番考古所看文書，與年輕的學者共同交流學習，一講幾個小時，完全忘記自己是八十多歲的老人。二〇一九年五月初，朱先生再次突發腦梗，緊急送醫院溶栓治療，經過一個多月治療，恢復得不錯。但朱先生一心記掛文書整理工作，急着去新疆，我勸他等等，直到十月才去新疆。因爲要準備社科基金結項，有些報表（財務）還在整理，我們就到庫爾勒市等地博物館看文書，只要有文書看，一切勞累他都忘記了。記得在焉耆縣博物館，館長告訴朱先生，在民間發現一批文書，等有錢買回來請朱先生看看（朱先生一直記着此事，二〇二〇年十月我去新疆時朱先生還提醒我，了解那批文書買回來没有）。二〇一九年我們又一次去吐魯番，這次是去祭奠李征老師。（李征老師參加北京文書整理工作，没有後人，去世多年，最近才入土。）朱先生對一起共事的同仁很尊重也很懷念。

二〇二〇年，新冠病毒大流行，一月二十三日武漢封城，與外界聯繫暫停。整個武漢工作重點就是收治新冠病人，所有的醫院都在忙碌着。五月底朱先生第三次腦梗，因爲新冠疫情，武漢市的醫院不能正常收治病人，没有醫院能接收腦梗病人，最佳溶栓時間錯過了。雖然也在醫院治療，但效果差多了，朱先生走路説話都不行，腦梗後遺症使得生活不能自理，需要有人陪護，我在醫院請了護工照顧朱先生起居，陪他康復和鍛煉身體。十月我去新疆烏魯木齊申報社科基金結項，把社科基金課題的任務完成。到了二〇二〇年底，因为快過年了，根本請不到護工，而朱先生又離不開陪護，在考察了幾個老年公寓後，朱先生同意去老年公寓試住幾天。没想到二〇二〇年底老年公寓突然宣布封閉管理，人員不能進出，不允許探視，朱先生只好住在那裏，護理人員每天把朱先生的生活視頻發給我，以便了解每日情況。直到二〇二一年三月新冠病毒嚴控結束，才可以探視，我每隔四五天便去老年公寓探望朱先生。五月份社科基金課題結項通過評審，我去老年公寓告訴朱先生，他很高興，我們談了很多，朱先生讓我聯繫出版社，争取早日出書。接下來我聯繫出版社，他儘快完成自序部分。但腦梗後遺症對他影響很大，手寫字扭扭歪歪，不好認，我每次去了就看看他寫的稿子，一點點辨認，慢慢讀給他聽，交流溝通後，明白了他的意思，再記下來，回家整理成文。朱先生有時在護理人員幫助下用手機録音，講述與自序有關内容發給我，隔三差五我就去老年公寓，了解他的想法，回家後慢慢連成文章，再一點點讀給他聽，幾次反復，自序終於完成，八月初請朱先生看看，他讓我把稿子留下，再細細看看推敲修改一下。没想到朱先生突然走了，留下太多的遺憾。

朱先生，我想對你説：這十年的文書整理工作對你而言太不容易了！太難了！爲了完成承諾，一次次飛赴新疆，獨自一人完成文書整理工作更是難上加難。但值得慶幸的是，這十年的風風雨雨我們一起走過，再難再不易，都是我們一起扛着。人説少年夫妻老來伴，年輕時我們聚少離多，這十年我們相依相伴，共同完成了《吐魯番出土文書補編》，也給晚年生活帶來幾許甜蜜。

但要説明一點，自二〇二〇年五月朱先生再次腦梗後，因疫情又延誤了治療，生活不能自理，説話口齒不清，走路無力，朱先生被病痛折磨，没能對手稿進行修改和補充審定，但是他對出土文書的整理是非常認真、非常細心的，如果有什麼問題也請大家見諒。

終於《吐魯番出土文書補編》要出版了，這是我們十年努力工作最好的見證，也是對朱先生最好的紀念！朱先生我們永遠懷念你！

田蘇華

二〇二二年三月十八日